왕도와 천재,

시스템 학습법의 위력

임성룡 지음

" 유태인보다 뛰어난 학습 노하우 위대한 발견 "

도쿄대학교 수석졸업, 일본 사법시험 합격, 국가공무원시험 합격!

이 모든것에 비결은 **시스템학습법.**

대학교수들도 놀라는 학습 원리.

학습의 아스팔트길, 지름길을 발견하다!

KYOWOO

왕도와 천재, **시스템 학습법의 위력**

초판발행 2020년 11월 20일

지은이 임성룡 / **펴낸이** 오판근
펴낸곳 (주) 교우
주　소 서울시 동대문구 약령시로 8 교우빌딩 2층 (주)교우
전　화 02-925-2861 / **팩　스** 02-925-2860, **편집부** 02-925-2825
홈페이지&북스토어 www.kyowoo.co.kr / 이메일 kyowoo@kyowoo.co.kr

등　록 1994년 3월 24일 제1994-000013호
ISBN 979-11-251-0323-3 (03000)

Published by Kyowoo Co., Ltd. Printed in Korea

(주) 교우는 보다 혁신적이고 참신한 도서를 다양하게 기획하고 있습니다.
책으로 펴내고자 하는 아이디어나 원고는 메일로 보내주세요.
(주) 교우는 전과정을 책임지고 최선을 다하겠습니다.

값 17,000원

교우미디어는 (주) 교우의 Imprint 사입니다.
수학정원·과학정원은 (주) 교우의 새로운 브랜드명입니다.

잘못된 책은 구입하신 서점에서 교환해 드립니다.

서문

세상은 급변하고 있다. '?차 산업혁명'이라는 말을 들으면 우선 골치 아프다. 당장의 세상살이가 고달픈 상황에서 유식한(?) 용어들이 자꾸 나오니 내가 무식한 것인가? 사실 알고 보면 어렵지도 않은 것들을 세상은 복잡하게 설명하는 것 같다. 필자가 보기에는 삶을 어지럽게 하고 복잡하게 하는 것은 매우 미련한 일이다. 현명하다는 것은 삶을 명확하고 단순하게 이끌어가면서 머리가 맑은 상태를 유지하는 것이 아닐까?

4차 산업혁명은 소셜 미디어, 사물인터넷, 디지털 제조, 로봇공학, 가상현실, 합성생물학 등으로 융합을 추구하고 있다고 한다. 1차 산업혁명은 물과 증기의 힘을 이용해 생산을 기계화하였다. 2차 산업혁명은 전기로 대량생산을 열었다. 3차는 전기 및 정보 기술을 통해 자동화했다. 4차 산업혁명은 물리학, 디지털, 생물학 등의 기술적 융합을 특징으로 한다. 거기에는 인공지능, 로봇공학, 사물인터넷, 자율

주행, 3D프린팅, 나노기술, 생명공학, 재료공학, 에너지 저장기술, 양자컴퓨팅 등이 포함된다. 또한 하이브리드(이종결합)의 특성을 띠어 간다. '증강인간'이란 첨단 장치를 이용해 인간의 신체, 인지 능력을 확장시키는 것이다.

현실은 새로운 로봇을 만드는데 너무 많은 시간이 소요된다. 오늘날의 로봇은 자신의 주변 환경을 감지하고 추론하는 데 상당한 한계를 지니고 있고, 커뮤니케이션 능력이 매우 취약한 상태다. 로봇은 예기치 않은 상황에 대처할 수 없다. 세상의 복잡한 물결에 정신을 잃지 않고 독자가 살아가는 방법을 필자는 제시하고자 한다.

필자는 매월 15권 이상 책을 구입하여 필자가 개발한 시스템학습법으로 10회 읽는 것을 20년 이상 해 왔다. 금융기관 재직 시에는 직관으로 '85% 시스템학습법'을 개발했다. 재직 시 퇴근 후에 학습을 하여 매월 4권 정도를 10회 읽던 것이 습관이었다. 고졸로 외환은행에 들어갔던 필자는 '85% 시스템학습법'으로 학사학위를 취득하였고 몇 가지 자격시험에도 합격하였다. '85% 시스템학습법'에 만족하지 못한 필자는 명퇴 전부터 학습에 관한 이론을 탐구하였다. 직관에 의해 개발한 시스템학습법을 이론에 근거하여 현재의 '시스템학습법' 그러니까 '100% 시스템학습법'으로 개선하였다. 월15권 즉 1권의 책을 2일에 10회 읽는 것을 명퇴한 1999년 이후 한 달도 어기지 않고 지켜왔다는 사실이다. 명퇴한 이후로 그동안 필자가 구입한 책 명세가 거의 4천 권이나 되는 것을 보니 행복한 나날을 지내온 것을 느낀다.

필자는 남과 비교하는 것을 최대한 기피한다. 남과 비교하거나 경쟁하는 것은 쓸데없이 신경을 곤두세우고 삶을 피곤하게 만든다고 생각한다. 그래서 내가 많은 학습을 해 왔는지도 몰랐다. 어느 의과대학 교수들 대상 강의를 끝냈을 때 한 교수가 하는 말을 전해 듣고, 나 자신이 엄청 많은 양의 학습을 해 왔다는 것을 깨달았다. 나는 2001년부터 저술 활동을 시작하여 약 20년이 지났는데 그동안 12권의 책을 쓴 것만도 행복한 일이다.

필자가 최근 일본인 야마구치 마유가 쓴 책 '7번 읽기 공부법'을 10회 읽고 매우 놀랐던 것이 이 책을 저술하게 된 계기다. 여성인 야마구치 마유는 일본 홋카이도 출생으로 도쿄대학교를 수석으로 졸업했고, 일본 사법시험과 어려운 국가공무원 시험에 합격해 재무성에 근무하기도 했다. 현재 변호사로 활동 중이다.

마유가 공부한 방법이 내가 시스템학습법을 85%정도 개발했을 떄 학습하던 방법과 거의 똑같았기 때문에 놀랐던 것이다. 나도 시스템학습법이 85% 정도였을 때 마유가 겪었던 것과 같은 상황이 그 책에 그대로 반영되어 있어 공감했다. 내가 그때의 방법으로 여러 시험에 응시하여 결과를 낸 것이 새삼 회상된다. 필자가 명퇴 전에 시스템학습법을 100% 수준으로 완성했기에 이 시스템학습법으로 학습하면 독자는 야마구치 마유가 겪었던 고충을 겪지 않고 더 나은 성과를 얻을 수 있으리라 생각한다.

필자가 시스템학습법을 85%정도 완성한 것이 30대 후반이었기에 마유가 도전했던 국가공무원시험이나 사법고시 같은 것에는 관심이 없었다. 더욱이 자녀가 두 명이었고 금융기관에서 중간간부로 충분한 보수를 받고 있었기에 별다른 야망이 없었던 것 같다. 다행히 명퇴한 후에 100% 시스템학습법으로 금융감독원에서 시행한 120명을 선발하는 손해보험중개인시험에 응시하여 1,200여 명 중 수석으로 합격하였다. 이듬해 금융감독원이 실시한 50명을 선발하는 생명보험(인보험)중개인시험에 약750명 중 3등으로 합격했고, 1년 후 9%의 합격률을 보인 어느 시험에 무난히 합격하는 즐거움도 누렸다.

시스템학습법으로 매월 15권 1년이면 180권 이상 10회씩 학습하고 있으니 여러 기관이나 기업들, 대학교수 등을 상대로 강의하는 경험을 하게 되었다. 나는 나름의 노하우로 삶의 지평을 개척해 나가고 있다는 행복을 누리고 있으니 다행이다. 야마구치 마유는 그의 책에서 "가끔씩 지긋지긋해 질 때도 있고 고통까지 수반하는 일이다. 공부 노력은 엄청난 끈기가 필요한 작업이고 즐거움을 느낄 요소라고는 전무하다"라고 기술했다. 나의 시스템학습법은 100% 완성되었기에 그런 고통이 없다. 오히려 즐겁다. 필자가 1952년생이니 거의 70살 가까이 되는데 매일 새벽2시까지 학습하고 있다. 이는 즐거워서 하는 것이다. 무슨 야망이 있어서가 아니라 내 돈 주고 책을 사서 새벽까지 학습하는 것은 즐겁지 않다면 있을 수 있는 일인가?

이번에 야마구치 마유의 책을 통하여 100% 완성된 시스템학습법의 진가를 알려 앞날이 어두운 젊은이들, 퇴직자들, 많은 보통 사람들에게 희망을 주고 싶다. 그들이 좀더 편하고 쉽게 학습하여 풍파 많은 세상을 평화롭게 살아갈 수 있으면 보람으로 생각한다. 기존에 저술했던 '시스템학습법의 완성'은 필자의 의미 있는 책으로 두뇌과학과 학습심리학 이론을 근거하여 저술했다. 이 책은 '시스템학습법의 완성'을 충분히 보완하였다. 새롭고 중요한 내용을 많이 썼으므로 독자들에게 큰 도움이 될 것이다.

저자 임 성 룡

차례

03 이론의 힘

04 지혜로운 삶

05 학습이론의 실체와 학습 5원칙

08 탁월한 학습 모범

09 학습 성공의 필수사항

10 전진의 길

01

놀라운 직관

직관이란 '의식적인 작용에 의존하지 않고 대상을 직접 파악하는 것'이라고 정의할 수 있다. 직관적이라는 말은 충동적이라는 말과는 다르다. 신경학자 컬럼비아 대학 교수 마이클 거숀은 1965년에 "우리의 뱃속에 뇌가 있다"는 말로 동료들을 놀라게 한 적이 있었다. 거숀은 인간의 내장은 수많은 신경세포로 둘러싸여 있으며 이곳에 척수 전체보다 더 많은 뉴런이 집중되어 있다고 말했다. 1981년에 와서야 다른 학자들은 그의 연구결과를 인정하였다. 배가 뇌와 이어져 있다는 것이다.

창조적이며 독창적인 직관적 지능

천재들의 공통점은 놀라운 집중력이다. 창조적이며 독창적인 결정을 내릴 수 있는 것은 직관적 지능이다. 감정, 직관, 내면의 목소리. 창조력, 착상, 영감들을 융합시킨 것이 바로 직관적 지능이다. 창의력은 직관과 긴밀한 관계가 있다. 고도의 집중력은 직관적 지능을 발달시켜 주는 매우 중요한 재능이다. 직관적 지능은 성공에 중요한 요인이다. 오성만이 아니라 감성도 중요하다. 직관적 지능의 달인이 되는 것은 보편적 지혜를 아는 천재가 되는 것을 의미한다.

학습의 달인 공자는 말하기를 "지지자는 불여호지자요, 호지자는 불여낙지자니라"라고 말했다. (知之者는 不如好之者요, 好之者는 不如樂之者니라.) 이는 "알기만 하는 자는 좋아하는 자를 이기지 못하고, 좋아하는 자는 즐기는 자를 이기지 못하리라"는 것이다. 학습을 즐겼던 공자는 학습의 진수를 언급한 것이다. 우리 인간은 과연 얼마나 학습 능력을 갖추고 있을까?

2,000만 권을 학습할 수

생전에 세계적인 과학자로 이름을 떨쳤던 천문학자 칼 세이건은 "인간의 두뇌는 2,000만 권의 정보를 수용할 수 있다"고 말하여 많은 사람들을 놀라게 했다. 그가 상당 기간 연구한 결과이고 권위 있는 과학자였기에 아무도 이의를 제기하지 못하였다. 세이건의 말대로 500쪽 책 2,000만 권을 60년간 학습한다고 하면, 1년에 약 330,000권, 한 달에 약 30,000권 하루에 약 1,000권을 학습해야 되는 양이다.

보통 사람이 1년에 학습하는 양이 얼마나 되는가를 생각하면 놀랍다. 인간은 선천적으로 천재의 두뇌를 가지고 태어나는 셈이다. 전세계 학교가 거의 다 상급학교 진학을 위한 교육을 하고 있으니 진정한 학습이 이루어지지 않고 있다. 마유가 진학했던 도쿄대학생들도 입학하기 위해 코피를 흘리며 공부하던 학생들이 입학하고 나면 "언제 그랬더냐"라는 태도가 된다고 한다. 마유는 도쿄대학생들이 학습을 별로 하지 않는다고 증언한다. 서울대학교 학생들도 마찬가지라는 증거를 필자는 갖고 있다.

사실 학습만 제대로 이루어진다면 인간은 엄청난 저력을 발휘할 것이다. 나이를 불문하고 인간의 학습 능력은 엄청나다는 증거들이 많이 있다. 미국의 학자 샤이와 그의 동료들은 21-81세를 대상으로 하여 언어, 공간, 추리 등 세 가지 능력 테스트를 21년간 연구하였다. 그들은 다음의 사실을 발견했다. 언어능력은 53세까지 증가하고 65세경부터 감소한다. 공간능력은 46세에 최고 상태에 이르고 65세경부터 감소한다. 추리능력은 60세까지 증가하다가 60세 이후 감소한다.

가장 큰 문제는 학습이 힘들다는 점이고, 권태 등으로 지속적 학습이 어렵다는 점이다. 기존에 학습하던 방법 때문이다. 대부분의 사람들이 초등학교부터 시험 공포 속에서 학습해온 결과이고 세 살 버릇 여든까지 가는 것이다. 시스템학습법과는 근본적으로 다른 차원이다. 학습과 더불어 직관적 지능의 계발은 평생 안고 가야하는 과제이다. 인간 자체가 주관적이고 개별적인 존재이기 때문에 직관적 지능은 삶에서 큰 역할을 한다.

직관은 놀라운 지능이다. 인간은 직관 외에도 놀라운 지적 능력이 있다는 사실이다. 심리학자 로버트 스턴버그는 정년까지 보장받은 예일대학의 정교수이고 미국예술과학원 회원이며 미국의 인명록에도 이름이 올라있다. 그는 어렸을 때 IQ테스트에서 거의 영점을 받았고 그 점수를 믿어서는 안 된다는 확신을 갖게 되었다.

성공 지능을 가진 사람

스턴버그는 인간 지능을 종합적으로 갖춘 인재를 '성공 지능을 가진 사람'이라고 부른다. 직관적 능력 외에도 분석 능력이 필요하다. 지능이란 경험으로부터 배우는 능력이고 주위 환경에 적응하는 능력이다. 일반적으로 학업 지능이 뛰어난 사람은 학문적 지식을 빨리 습득하고 활용하는 사람이다. 성공지능인은 자기 자신에게 동기를 부여한다. 동기부여는 지적 능력 못지않게 성공에 필수적이다. 공부 자체를 재미있어 하는 아이는 학습동기가 꾸준히 유지된다. 창조적 지능은 특히 내적 동기에 크게 의존한다.

시카고 대학의 지능이론가인 서스턴은 "지적인 사람의 특징은 자신의 충동을 제어하는 능력"이라고 주장하였다. 이는 직관을 넘는 지능이다. 성공지능인은 참고 견디어야 할 때를 안다. 이들의 공통적인 특징은 끈기이다. 성공 지능을 가진 사람은 직관과 분석 능력을 모두 발휘해 지적 잠재력을 최대한으로 실현시키는 것이다.

록펠러대학교 이론물리학 교수였던 하인즈 페이겔스는 "아무리 뛰어난 컴퓨터라도 직관이 부족하다. 뇌는 다양한 능력, 기능이 적응력이 있고 상황에 관계한다. 그리고 종합하는 엄청난 능력을 가진다. 컴퓨터와는 다르게 뇌는 자체로 형성된다"라고 말했다.

최첨단 컴퓨터도 뇌에 못 간다

페이겔스에 의하면, 뇌에는 약10^{15} 정도의 시냅스들이 있다. 수십억 개의 신경세포들이 병렬로 동시에 작용한다. 직렬식 컴퓨터는 단지 한 번에 한 단계씩만 한다. 최첨단 컴퓨터도 뇌의 병용에는 근처에도 가지 못한다. 뇌는 엄청나게 많은 병렬 회로들이며 굉장한 보완장치를 가지며 잘못을 견뎌낸다는 사실이다. 뇌는 신경회로 그물들이 자체적으로 프로그램을 하고 있다.

페이겔스는 "과학적 원리는 직감력에서 탄생하는 경우가 많다. 수학은 논리적 훈련이라기보다는 직관적 과학에 가깝다. 배움은 감정적 요소가 개입될 때 격렬하고 효과적이다. 다양성, 인간 욕구의 다양성이 인간 가치들을 형성한다"라고 말했다. 인간의 직관이 큰 능력을 가지고 있음을 지적하고 있는데 그에 더해 분석 능력과 같은 이지적인 학습 능력도 필요하다는 것이다.

서울아산병원 울산의대 신경과 교수 강동화 박사는 '나쁜 뇌를 써라'에서 인간 두뇌에 관해 말하고 있다. 강 박사는 "뇌가 가진 양면성이 있다. 조화와 균형의 지혜를 배워야 한다. 뇌의 균형은 역동성과 방향성을 가진다. 중요한 일에 집중하기 위해서 먼저 다른 사소한 일부터 버려야 한다"고 말한다.

강 박사에 의하면, 미국 로체스터대학의 알렉스 푸조 박사는 "우리가 하는 대부분의 결정은 의식적인 추론을 바탕으로 이루어지지 않는다. 결정을 내리는 것은 감정의 힘이 더 크다. 분석두뇌는 분석적이고 통계적이며, 반사두뇌는 직감적이고 연상적, 자동적이고 감정적이다"라고 말했다. 인간의 직관 능력이 미치는 영향력은 무시할 수 없는 것이다.

직감이 행동을 지배

심리학박사 코델리아 파인은 "직감이 우리의 행동을 지배한다. 감정이 없는 뇌 손상자는 아무 결정도 하지 못한다. 우리의 판단은 대개 직감이나 도덕적 직관에서 나온다. 우리 뇌는 자신의 믿음에 충실하도록 만든다. 자신의 믿음에 대한 증거는 받아들이지만 반대되는 증거는 무시한다"고 말한다.

파인에 의하면, 의식적 사고는 늘 '지금'이 소중하다. 잠재의식은 신속한 반응에 관여하며 생각이 행동을 일으키는 것은 분명하다. 뇌를 훈련시키면 무의식의 충동적인 편견을 보다 만족스러운 반사작용으로 바꿀 수 있다는 것이다.

프랑스 출신 여성으로 스탠퍼드대학교 심리학과 교수인 에마 세팔라는 "이 시대의 특징은 정신없는 삶의 속도 때문에 스트레스에 강타당하고 고된 노력과 긴장과 분투로 목표를 달성하여도 행복감은 별로라는 사실이다. 스탠퍼드대학의 학생들은 미래에 시선을 고정한 채 끊임없이 불안에 시달린다"고 말한다.

세팔라에 의하면 스탠퍼드대학 학생들은 뭔가를 이뤄내려고 끊임없이 몰두하고 일중독에 빠져 있다. 두뇌는 긍정적인 생각보다 부정적인 생각에 더 초점을 맞추는 경향이 있다. 외부 메시지들로부터 끊임없는 자극을 받는 것은 해롭다. 완벽하려는 생각은 피로도를 높일 수 있다고 한다.

기존의 학습에 의존하는 경우는 거의 항상 정신적 피로, 압박감 속에서 헤어나기가 어렵다는 사실이다. 이는 직관과 분석 능력 등 두뇌 능력에 큰 부담을 준다. 시스템학습법을 통해 여유 있는 학습, 평온한 학습의 길로 가야 할 필요성이 크다.

직관에 관여하는 우뇌

베일러 의대의 저명한 신경과학자 데이비드 이글먼은 "삶에서 대부분의 일들은 의식의 지배가 아니라 무의식의 지배를 받는다. 대부분의 행동은 무의식에 의해 좌우된다. 인간은 무의식적으로 익숙한 것에 안락함을 느낀다. 무의식적 뇌는 회로에 경험이 새겨짐에 따라 점점 자동화되어 더욱더 빨리 행동하고 결정할 수 있다"라고 말한다.

이글먼에 의하면, 뇌는 자동화됨에 따라 에너지를 덜 쓰는 에너지 효율성이 생기고 에너지를 최소화한다. 생각하는 뇌를 쓰지 않고 반사적인 뇌 작용에 의존하는 것은 매우 위험하다. 엄청난 능력을 가진 두뇌라도 직관력에는 한계가 있음을 유념해야 하는 것이다.

뇌는 분석적인 모드와 본능적 모드가 존재한다. 분석적인 모드는 의식적 체계로 느린 체계이며 자기통제 기능을 하고 현명하고 침착하다. 본능적 모드는 반사체계로 자동체계이며 익숙한 일을 자동으로 처리한다. 뇌는 반복해서 하는 일들을 대부분 자동화한다.

직관에 많이 관여하는 우뇌는 창의력과 관련이 있다. 창의성 전문가 테레사 애머빌은 "사람들이 창의성을 더 발휘할 수 있는 한 가지 방법은 자기 분야의 전문지식을 키우는 것이다"고 주장한다. 뇌는 관심을 기울일 가치가 있는 것만 보고 나머지는 보지 못하는 것이다.

필자는 야마구치 마유의 저서 '7번 읽기 공부법'을 10회 읽고 추가로 몇 번 더 읽었다. 내가 금융기관에 재직할 때 하던 학습법과 거의 똑같기에 놀라움을 금치 못하였다. 학습에 진력하면서 고민하면 직관이 작용하여 비슷한 생각을 하게 되는 경우가 있게 되는데 바로 그 경우가 아닌가 생각한다.

직관이 작용하여 비슷한 생각

마유는 "가끔씩 지긋지긋해 질 때도 있고 고통까지 수반하는 일이다. 나는 공부를 좋아서 했던 적이 없다"고 했는데 나도 그런 경험이 있었다. 마유처럼 일류대학에 가고 사법시험을 응시하고 국가공무원 시험에 응시하는 등 큰 도전을 하지 않았지만 몇 가지 자격시험에 응시하는 과정에서 그런 공감을 겪었다는 사실이다.

명퇴를 하기 전 필자는 학습심리학 이론에 몰두하고 있었고 다행히 명퇴할 때는 학습 이론에서 깨달은 것들이 많았다. 나는 85%의 시스템학습법을 100%로 개선하였고 실천하고 있었다. 독자 중에 '실업자' 경험을 하신 분이라면 이해할 것이다. 가장으로서 '실업자'가 되면 한 마디로 "정신이 없다"는 상황이 된다. 무언가 수입을 얻어 가장의 역할을 해야 할 막중한 압박감이 엄습해 오기 때문이다. 그러한 압박감 속에서 필자는 100% 시스템학습법으로 몇 가지 시험공부를 준비했는데 이상하게도 학습이 잘 되었다는 사실이다.

'실업자' 신세에서 학습하는 것은 매우 어렵다. 재래식 학습법 자체의 스트레스와 학습을 막는 장애들은 이 책에서 추후 언급할 것이므로 참조하기 바란다. 하여튼 그러한 악조건에서도 학습이 스트레스 없이 부드럽게 이루어졌고 나도 놀라는 성적을 거두었다는 점이다. 필자가 20대였다면 100% 시스템학습법을 활용해 여러 고시에 응시했을 것이다.

야마구치 마유 학습법은 85% 시스템학습법

아무튼 명퇴할 때는 100% 시스템학습법을 활용하고 있었으니 인생의 길은 남들과 다르지 않겠는가? 필자가 직관에 의해 개발했던 85%의 시스템학습법이 야마구치 마유가 실시했던 학습법과 같다는 점을 유의하면서 마유의 학습법이 필자의 100% 시스템학습법과 같은 점, 다른 점을 분석해보기로 한다.

야마구치 마유의 학습법	현재의 시스템학습법
같은 점	
1. 피곤하지 않다	1. 피곤하지 않다
2. 이해하려고 하지 않는다	2. 이해하려고 하지 않는다
3. 외우려고 하지 않는다	3. 외우려고 하지 않는다
4. 반복해서 통독한다	4. 반복해서 통독한다
5. 키워드를 찾는다	5. 핵심어, 진핵어를 찾는다
다른 점	
1. 이론을 제시하지 않음	2. 두뇌과학, 학습심리학 이론을 제시
2. 7회를 기본 읽기(추가 가능)	2. 10회를 기본 읽기(추가 가능)
3. 키워드에 표시 안 함	3. 핵심어, 진핵어에 밑줄치기
4. 키워드 파악에 신경을 쓴다	4. 핵심어에 신경 안 쓰고 표시한다
5. 디테일 부분 신경 쓴다	5. 디테일 부분 저절로 이해된다
6. 1회가 가장 빠르다	6. 1회가 느리고 점점 더 빨라진다

7. 학습이 끝나면 지겹다	7. 학습이 끝나면 즐겁다
8. 공부를 좋아서 했던 적이 없다	8. 공부 자체를 좋아해 즐긴다
9. 엄청난 노력과 끈기	9. 게임하듯 편한 마음

야마구치 마유의 방법은 필자의 시스템학습법 85%와 같다고 말할 수 있다. 그렇다면 "거의 같은데 그것이 그것 아닌가? 15% 차이는 별것이 아닌데"라고 생각하는 분도 있을 것이다. 어떤 아이디어나 프로젝트에서 '급소'라는 치명적 부분이 있다. 이 급소가 15%에 들어 있는 경우가 있다는 사실이다. 미국에서 우주선 폭발 사고가 났을 때 원인은 전체 부품의 0.1%도 안 되는 부분에서 불량이 발생했기 때문이었다. 결과는 여러 우주인들이 죽고 수억 달러의 우주선이 사라졌다.

필자가 85%의 시스템학습법으로 학습할 때는 무언가 묵직한 감이 머리에 남아 있었다. 100% 시스템학습법을 적용하자 그런 현상이 사라졌다. 필자가 명퇴한 후 실업자 상태에서 시험을 준비할 때도 '게임'하는 마음으로 학습을 했고 부담 없이 1999년 시험을 보았다. 그러기에 2000년, 2001년도 어떤 압박감이나 '지겨움' 없이 시험에 응시했던 것이다. 학습에 '지겨움'이 있다면 나이 70살 가까운 필자가 매일 새벽 2시까지 학습한다는 것은 불가능한 일이다.

야마구치 마유의 학습법은 필자의 85% 시스템학습법처럼 매우 좋은 학습법이다. 그럼에도 15% 부족한 점이 있기에 치명적 일 수 있다. 사람에 따라서 그 방법은 매우 어려운 방법일 수 있고 효과가 적을 수 있다는 것이다. 필자의 경험이 말해주고 있다.

마유와 필자가 같은 점은 학습 외에도 있다. 마유는 "계획을 세우지 않고 학습한다"고 했고, 나도 마찬가지였다. 계획 세우는 데 시간이 소요되고, 계획대로 안 되면 죄책감과 자존감 손상이 있기 때문이다. 마유는 "통학할 때 학습했다"고 했는데 나도 출퇴근 때 학습했다. 마유는 잠에서 깨면 곧장 책상에 앉아 학습을 시작했다. 매우 현명한 일이다. 필자도 마찬가지였다. "밥보다 학습"이 원칙이었기에 우선 학습하고 나서 다른 일을 하는 것이 매우 중요하다.

마유의 공부법은 필자가 직관에 의해 개발한 85% 시스템학습법이라고 했는데 그 "15%를 구체적으로 설명해줄 수 있나요?"라고 질문할 것이다. 그 15%는 필자가 직관을 넘어 학습심리학 이론에 몰두하여 그 진수를 정리하고 다시 정리하여 완성한 것이다. 그것을 설명하려면 학습이론을 자세히 설명해야 한다. 다행히 필자의 이 책 다른 장에서 시스템학습법을 뒷받침하고 있는 수많은 이론 중에서 중요한 것들을 독자들에게 소개하고 있다. 음미하면서 읽고 또 읽어 이해하고 터득한다면 독자는 앞날이 탄탄대로에 서게 될 것이다.

어느 독자는 "100% 시스템학습법과 야마구치 마유의 방법에서 차이가 15% 정도라고 했는데 마유의 공부법에서 어떤 점이 결점인지 자세히 설명해주실 수 있나요?"라고 물을 것이다. 필자는 남들과 경쟁하거나 논쟁하는 것을 극력 회피하는 사람이다. 경쟁은 자기 자신과 해야 하는 것이다. 논쟁은 하면 할수록 결과가 그리 좋지 못하다. 논쟁으로 남을 이기려고 하는 것은 많은 에너지가 소모될 뿐만 아니라 이기더라도 무엇에 도움이 될 것인가? 상대가 나의 말에 수긍하고 내 말을 따를 것이라고 생각하는 것은 비현실적이다. 사회생활을 하면서 '막가는 상대'로 인해 손해가 초래될 때는 한 번 해볼 수 있겠지만 그렇지 않은 상황에서 해볼 이유가 있겠는가?

스스로 깨닫는 것이 훨씬 의미가 크다

필자는 야마구치 마유의 학습법과 현재 100% 시스템학습법을 비교하는 내용을 보여주었다. 그 중에서 '다른 점'에 독자가 관심을 가지고 잘 판단하기를 바란다. 이 책 5장 '학습이론의 실체와 학습 5원칙'에서 필자의 100% 시스템학습법의 이론적 근거들을 자세히 다루고 있다. 특히 학습 5원칙은 다른 학습법 어느 곳에서도 볼 수 없는 '세계 유일의 학습법'임을 필자는 자부하고 있다. 독자가 관찰력과 학습심리학적 이론에 대한 깊은 이해를 한다면 필자의 시스템학습법과 야마구치 마유의 학습법의 차이가 왜 중요한 학습 차이를 만들어내는지 알 수 있을 것이다. 필자가 마유의 학습법을 비판하고 단점을 지적하는 것보다 독자 스스로 깨닫는 것이 훨씬 의미가 크다.

1장 초입에서 필자는 천문학자 칼 세이건이 "인간의 뇌는 2,000만 권의 정보를 수용할 수 있다"고 말한 것을 언급했다. 독자가 시스템학습법 100%를 곧이곧대로 받아들여 실천한다면 어떤 현상이 일어날 것인가? 지금보다 훨씬 많은 학습량, 놀라운 시험성적, 정신적으로 자신감과 열정을 느낄 것이다. 더 중요한 것은 학습을 계속하면 할수록 자신이 "매우 무지하고 무능한 존재"라는 사실을 깨닫게 되어 지금보다 겸허한 사람으로 변신해간다. 그러면 대인관계도 더 원만해지고 경제적으로 풍요해진다. 독자는 보통 사람들이 가지 못하는 '왕도'로 가고 '천재'가 되는 것이다. "천재란 남들보다 뛰어난 정신 자산을 가진 사람이다"라고 정의할 수 있다. 그 능력을 발휘하면 독자의 삶은 지금과 달라진다. 인간의 직관은 놀라운 것이다. 야마구치 마유가 학습법을 개발한 것, 필자가 초기의 시스템학습법을 개발한 것 모두 직관에 의한 것이다. 그것이 삶에 도움이 될 수 있었다는 것이 행복이다.

02

직관을 넘어

학습은 매우 중요하다. 학습은 직관이 많이 작용할 수 있고 더불어 이지적인 분별력도 필요하다. 요컨대 우뇌 기능과 좌뇌 기능이 모두 필요한 것이다. 직관을 넘는다는 것은 우뇌뿐만 아니라 좌뇌가 함께 작용해야 한다는 것이다.

야마모토 다이스케는 이학박사로 신경생물학, 행동유전학을 연구했다. 현재 와세다대학 교수로 재직 중이다. 다이스케는 "추상적 사고, 직감은 우뇌에 있다. 계산 기능은 좌반구, 영상화하는 것은 우뇌가 한다. 우뇌는 공간 인식, 감성 기능을 담당한다"고 말한다.

다이스케에 의하면, 뇌는 각 개인의 경험과 학습을 기초로 그 특징이 만들어지고 정보처리 방법도 그 사람만의 것을 구축한다. 대뇌 신피질은 지성이나 사고를 담당하는 중추적 역할을 한다. 본능은 대뇌 기저핵과 뇌간이, 이성은 대뇌 신피질이 담당한다. 대뇌 변연계는 감정을 담당한다고 한다.

스탠퍼드대학 공학박사 테드 딘터스미스는 "미국은 지금 창의력, 호기심, 대담함 등의 특성은 사라진 채로 번드르르한 성적증명서가 우선이다. 학생들은 학습을 통해 실질적인 대처법을 익혀 행복의 자산을 쌓아야 한다. 미국은 실패했다. 사회적 불평등이 교실의 문제로 되었다. 미국의 위대함은 창의력, 추진력, 개척정신에서 나온다"라고 말한다. 딘터스미스의 말대로 현시대는 창의력, 추진력, 개척정신 모두 필요하다. 그것을 뒷받침할 정신력과 실력이 없으니 답답할 뿐이다. 학습이 활발하게 이루어질 때 이것이 가능한데 기존의 학습방법은 이를 달성할 수 없음이 분명하다. 필자가 시스템학습법을 제안하는 이유가 앞으로 나올 것이다.

자동적 시스템과 의도적 시스템

심리학자로 노벨경제학상을 수상하였던 대니얼 카너먼은 "호불호의 감정에 직접적 영향을 받는 결정은 '감정 휴리스틱'이다. 더 천천히 더 심사숙고하여 노력하는 사고형식은 '느리게 생각하기'이다. 우리는 '자동적 시스템'과 '의도적 시스템' 두 가지를 갖고 있다. 시스템1(자동적 시스템)은 충동적이고 직관적인 반면, 시스템2(의도적 시스템)는 추론이 가능하며 신중하다. 반복은 인지적 편안함과 함께 낯익은 친근감을 유발한다"라고 말한다.

이케가야 유지는 도쿄대학 약학박사로 "대뇌피질은 6층으로 되어 있는데 6층의 두께는 합쳐서 1mm정도이다. 인간이 식별할 수 있는 색의 수는 700만 가지라고 한다. 두뇌의 가소성은 뇌의 상태가 변하는 것이다. 학습하려면 반복학습이 필수적이다"라고 말한다. 유지에 의하면, 얼마나 정확한 지식을 얼마나 많이 가지고 있느냐에 따라 아이디어를 생각해 낼 수 있느냐 없느냐가 결정된다. 발견이나 발명은 평소의 공부나 노력이 주는 선물이라는 것이다.

물리학 교수 제임스 트레필은 인간 지능에 관한 저서에서 "두뇌에는 약1천억 개의 뉴런이 있고 뉴런이 아닌 신경교 세포가 훨씬 더 많이 있다. 뇌반구 중 절반 정도는 전두엽에 속한다. 두뇌의 바깥층에 대뇌피질이 있다. 베르니케 영역은 언어의 이해와 관련되고 브로카 영역은 말하는 행위와 관련되어 있다. 두뇌는 정보를 병렬처리한다"라고 말한다. 두뇌가 그렇게 뛰어나도 이를 활용하지 못한다면 무슨 의미가 있을까? 두뇌 능력을 충분히 발휘할 수 있는 학습 그것이 문제다.

심리학자 에릭 터크하이머는 "지능이 유전될 가능성은 거의 0에 가깝다"고 말했다. 쌍둥이의 인생도 다르게 변한다는 것이다. 성공하는 사람들은 결정적 열쇠로 '필사적인 욕구'가 있었다고 한다. 이는 통달하려는 강한 욕망이다. 자기 향상을 좌우하는 것은 바로 자신이라는 깨달음이 성공한 사람들의 공통된 특징이라고 그는 말한다.

학문적 능력은 생존에 절대적

워릭대학 교수 켄 로빈슨은 "학문적 능력은 개인의 성공과 국가의 생존에 있어 절대적으로 필요하다. 수많은 지적 능력이 있는데 창의력이 문제다. 가장 중요한 자원은 창조적 역량이며 유연성과 적응력이 필요하다. 학문적 능력은 지능의 일부이다"라고 말한다.

로빈슨에 의하면, 창의적 사고는 습관적인 사고유형을 깨뜨리는 것이다. 창의성 전문가 에드워드 드 보노는 "창의적 과정은 사색과 상상력뿐 아니라 지식과 전문성에서 나온다"고 한다. 시스템학습법은 지식을 통해 전문성을 향상시키는 노하우이기에 창의력에도 큰 역할을 할 수 있다는 점이다.

미시간대학교 심리학과 교수 리차드 니스벳은 "지능은 환경에 따라 변한다. 지능이란 정신 능력으로 추론, 계획, 문제해결, 추상적 사고, 생각의 이해, 빠른 학습, 경험에서 배우는 능력 등을 포함한다. 유혹을 참는 능력 즉 자제력이 있는 어린이들이 학업 성취 정도가 높다는 것이 증명되었다. 이는 '만족 지연 능력'이라 부른다"라고 말한다.

니스벳에 의하면, 지능이 매우 가변적이고 노력으로 개발할 수 있을 것이라고 믿게 하면 지능이 높아질 수 있다고 한다. 아시아인은 지적 성취는 노력에 달렸다고 믿는데, 실패에도 포기하지 않고 끈기를 발휘하는 그들의 전통에서 비롯된 결과라는 것이다. 미국 아이비리그 재학생의 33%가 유태인이고 명문대학 교수의 유태인 비율도 그와 비슷하다. 유태인은 교육과 지적 성취에 가치를 둔다. 유태인의 학습에 대한 집착은 필자도 놀라움을 멈출 수 없다. 어느 유태인 여성은 노벨상을 탄 후 "추운 겨울날에도 외투를 뒤집어쓰고 필사적으로 공부했다"는 말을 했다. 그것이 그들의 저력이다.

디지털 기기는 스트레스와 조급증을 키워

UCLA 게펜의과대학 교수로 심신의학을 강의하는 마크 쉔은 "새로운 감각을 경험하도록 가르치면 새롭고 생산적인 신경네트워크가 구축된다. 적응이야말로 인간답게 만드는 특징이다. 대뇌는 분석, 논리를 중심으로 한다. 정서적 신체적 건강이란 고통이 없는 상태가 아니라 '불편함에 직면해서도 편안과 안전을 찾을 수 있는 상태'를 의미한다"라고 말한다. 쉔에 의하면, 불편을 좀 더 참을 만하고 편안한 것으로 만드는 것이 그 해법이다. 괴로움과 역경은 삶의 현실이며 성공의 밑거름이다. 조건화가 습관에 미치는 영향력은 그것이 무의식적으로 일어나는 경우가 많다는 점이라고 한다.

센은 "디지털 기기는 스트레스와 조급증을 키우게 된다. 완벽주의 기질은 문제를 야기할 수 있다. 잠자리에 들기 전에는 모든 첨단기술 즉 문자, 인터넷서핑을 중단하는 것이 중요하다. 완벽추구는 비현실적이다. 성공하는 사람은 불편을 인내하고 효과적으로 관리할 수 있는 사람이다"라고 말한다. 필자가 디지털 기기를 가능하면 회피하는 이유가 여기에 있다. 꼭 필요한 경우에만 디지털 기기를 사용하는 것이 이치적이다. 필자는 문자를 하지 않는 대신 이메일 회신을 위해 충분한 자료를 준비하고 있다.

심리학자이며 사회과학자 데이비드 니븐은 "성취를 막는 문제를 우선시하면 실패할 확률이 17배 높아진다. 해결책은 '전환 관념'이다.

새로운 아이디어를 얻으려면 같은 것을 다르게 봐야 한다. 아인슈타인이 가진 강점은 '자신만의 세상 속에서 살아갈 수 있는 능력' 즉 관습과 타인의 의견으로부터 자유로웠다는 점이다"라고 말한다.

니븐에 의하면, '노력에는 한계가 없다'는 사고방식이 문제의 근원이다. 글을 잘 쓰려고 할수록 좌절감이 커진다. 글쓰기를 일이 아니라 놀이로 생각하면서 글을 쓸 수 있다. 창의력 검사에서 유연하게 움직인 집단의 창의력이 더 높았다는 것이다.

가장 뛰어난 중년의 뇌

'가장 뛰어난 중년의 뇌'의 저자 바버라 스트로치는 의학 전문기자로 "중년에 이른 뇌는 복잡한 문제들을 헤치고 답을 찾아내는 강력한 시스템을 개발한 상태다. 뇌의 참된 본질은 더 넓은 시각, 패턴을 보는 능력, 관찰하는 능력, 창의적으로 생각하는 능력에 있다. 펜실베니아 주립대학의 심리학자 워너 샤이와 윌리스 샤이는 20-90세의 6,000명을 40년 동안 관찰하면서 똑같은 사람들을 연구하는 종단연구를 했다. 어휘, 외국어, 공간, 추리 4분야에서 평균적으로 최고의 기량은 40-65세에 발휘된다는 것이다"라고 말한다. 필자가 지금도 매일 학습하는 이유를 독자는 이해하는가?

스트로치에 의하면, 나이 들면서 평온하고 긍정적이 되는 것은 강력한 영향을 한다. 중년에는 '나쁜 놈'이나 '잘못된 길'을 알아보는 능력이 가장 절정에 이른다. 1890년 윌리엄 제임스는 "지혜란 무엇을 간과할지 아는 기술"이라고 말했다고 한다.

스트로치는 "뇌의 좌우 반구는 중년인 동안 더 잘 통합되면서 더 위대한 창의성으로 가는 길을 터준다. 학습을 많이 한 사람들은 조금 한 사람들보다 치매와 알츠하이머병에 걸릴 가능성이 더 낮다. 독서를 많이 하는 것이 중요하다. 학습을 많이 한 경우 인지적 비축이 증가해 치매 등에 노출될 가능성이 줄어든다"라고 말한다. 독자가 시스템학습법에 매진하면 치매 걱정은 한결 덜어질 것이다. 필자도 중년을 넘어 노년에 접어들었지만 아직도 월 15권을 10회씩 학습하고 있다. 지적 능력에 자신감을 갖고 있기 때문이다.

스트로치에 의하면, 켄터키대학교의 데이비드 스노든 교수는 1986년 이래 678명의 수녀들을 대상으로 연구했다. 베르나데트 수녀는 석사학위를 취득, 21년 동안 초등학교 교사로, 7년 동안 고교 교사로 일했다. 그녀는 81세, 83세, 84세에 치른 인지시험에서 모두 최우수 성적을 거두었고 85세에 심장마비로 사망했다. 베르나데트 수녀의 두뇌를 검사한 결과 알츠하이머의 가장 심각한 수준에 있었다고 한다. 그럼에도 그 증상이 나타나지 않고 사망한 것이라고 한다. 또한 런던의 은퇴한 한 교수는 치매 말기 병증을 가지고 있었는데 유일한 징후는 교수가 체스의 수를 7수 대신에 4수 밖에 생각할 수 없었고 치매 증상은 진단되지 않았다. 그 교수는 뇌와 관련 없는 병으로 사망한 것이다. 신경과학자들은 뇌는 땜질이 될 수 있으며, 기본적인 시냅스 수준에서 평생에 걸쳐 방대하게 개선될 수 있다는 데 동의한다는 것이다.

깊이 사고하는 사람은 소수

30여 년간 정신작용을 연구한 '실용지능이 성공의 기회를 만든다'의 저자 칼 알브레히트는 "정신적 유연성이란 새로운 아이디어나 관점으로 자신을 변화시킬 준비가 되어 있는 마음자세를 말한다. 겸손은 정신적 유연성의 핵심이다"고 말한다. 알브레히트에 의하면, '깊이 사고하는 사람'은 소수이고 대다수 사람들은 '순종적 사고'를 하는 경향이 있다. 효과적인 의사결정이란 확산과 수렴 사이에서 의식적으로 전환을 조절해가는 과정이다. 직관과 논리적 사고를 통합하는 것은 상승작용을 일으킬 수 있다고 한다.

서울대 심리학과 교수를 역임한 장현갑은 "나는 뇌과학을 연구하기 위해 미국 대학 연구소에서 공부했다. 정신신경면역학은 마음과 신경과 면역이 서로 연결되어 있다는 것이다. 노년기에도 두뇌활동을 하면 뇌가 성장한다는 사실이 발견되었다. 두뇌 자극이 나이와 관계없이 뇌세포를 늘려나간다"라고 말한다. 장현갑에 의하면, 뇌는 신경가소성 기능이 있다. 두뇌에 교세포가 신경세포보다 약10배 있는데 이

교세포는 신경세포의 활동을 도와주는 보조 기능을 한다. 현대 심신의학의 창시자 하버드의대 벤슨 박사는 '플라시보 효과'를 '상상에 의한 건강'이란 말로 바꾸어야 한다고 말한다. 상상에 의해서 실제로 건강이 좋아질 수 있다는 것이다.

교토대학 교수를 역임한 오시마 기요시는 "뇌 전체에는 약1,000억 개, 대뇌신피질에는 140억 개의 신경세포가 있다. 인간의 뇌는 자극을 준다면 신경회로가 만들어진다. 한 개의 신경세포는 자극에 따라 1,000-200,000개의 시냅스를 만들 수 있다. 시냅스를 많이 만들고 영양을 보급해주는 것은 글리아 세포이다. 시냅스는 신경기능의 기본이 되는데 '뉴런'이라는 신경단위로 연결된다"라고 말한다. 뇌의 가소성을 가장 긍정적으로 활용하는 것이 바로 학습임을 독자는 유념해야 한다.

뇌를 훈련하는 가장 손쉽고 빠른 방법 학습

기요시에 의하면, 뇌를 훈련하는 가장 손쉽고 빠른 방법 하나가 학습이다. 뇌는 새로운 사실을 알게 되는 순간 큰 기쁨을 느낀다. 학교교육의 가장 큰 오류는 학습은 즐겁고 재미있는 것이라는 사실을 가르치지 않는 데에 있다. 뇌가 쾌감을 느끼면 엔도르핀이 분비된다. 학습을 하면 나이가 들어도 정신 기능은 결코 후퇴하지 않는다. 현재 뇌의 쾌감물질은 20여 종이 발견되어 있다. 생각하는 것은 뇌를 젊어지게 한다는 것이다.

'뇌에 대해 궁금한 모든 것 뇌력 사전'의 저자 나카하라 히데오미는 의대를 졸업, 미국 워싱턴대학에서 연구하였는데 "우반구는 음악적, 회화적, 공간적, 이미지적인 사고 등을 담당하고 아날로그 뇌로 불린다. 언어적, 논리적, 분석적인 사고 등을 담당하는 좌반구는 디지털 뇌라고 불린다. 컴퓨터는 직렬처리가 특징이며 뇌는 병렬처리가 특징이다"라고 말한다.

히데오미에 의하면, 인간의 몸은 약 60조 개의 세포로 이루어져 있다. 신경세포의 축색돌기는 다른 신경세포에 정보를 전하는 역할, 수상돌기는 정보를 수집하는 역할을 한다. 신경세포는 다른 신경세포와 연결되는 접합부로 시냅스가 있다. 해마는 대뇌변연계에 있으며 기억과 관계되는데 70세가 넘어도 증식한다는 것이 밝혀졌다. 대뇌피질도 증가한다는 연구결과가 있다. "70세가 넘어도 해마 증식이 될 것"이니 필자의 두뇌 활력은 앞으로 많이 남아 있을 것이다.

히데오미는 "사고로 신경세포가 죽으면 다른 신경세포가 돌기를 증가시켜 없어진 부분의 기능을 보충하는 뇌의 가소성이 있다. 자율신경에는 교감신경과 부교감신경이 있는데, 흥분하면 교감신경이 작용하고, 부교감신경은 안정이나 휴식을 하게 해 균형에 의해 움직인다"라고 말한다.

독서는 매우 중요한 두뇌 훈련

'천재들의 뇌를 열다'의 저자 아이오와대학교 정신과 교수 낸시 안드리아센은 "윌리엄 쇼클리와 루이 알바레즈는 지능지수에서 기준치를 넘지 못했는데 두 사람은 후에 노벨 물리학상을 수상했다. 연구에 의하면 지능과 창조성이 다르다는 점을 뒷받침했다. 창조적인 사람들은 흑백논리와 절대주의만을 추구하지 않는 경향이 있다"라고 말한다.

안드리아센에 의하면, 뇌의 유연성은 매우 중요한 개념이다. 뇌는 스스로 회로연결을 한다. 기억을 저장할 때 시냅스의 수가 증가한다는 사실이다. 정신 훈련과 자가 학습은 뇌과학적으로 알츠하이머병 등 퇴행성 뇌질환에 걸리지 않는 강력한 요인이다. TV 시청은 두뇌를 수동적으로 만들어 부정적 결과로 이끈다. 독서는 매우 중요한 두뇌 훈련이라고 한다. TV 시청, 스마트폰 시청 모두 절제해야 한다.

'기적을 부르는 뇌'의 저자 정신과의사 노먼 도이지는 "뇌가 스스로 변화할 수 있다는 혁명적인 발견이 1970년대에 밝혀졌는데 뇌가 정보를 처리하면서 뇌의 구조를 변화시키고 회로들을 완성해간다는 것이다. 이를 뇌가소성이라고 부른다"라고 말한다.

혁신은 이성적, 정서적 재능을 사용

도이지에 의하면, 뇌 훈련은 삶을 변화시킨다. 정신훈련을 많이 받을수록 두뇌는 더 많은 가지를 형성하고 용량을 증대시킨다. 생각하는 속도도 가소적이다. 반복하면 할수록 생각의 속도는 빨라진다. 나이가 들어서 새로운 언어를 배우면 기억력을 향상시키고 유지하는 데 크게 도움이 된다. 새로운 배움은 집중력을 강화시킨다. 천재적인 창조에는 좌뇌와 우뇌가 모두 다 활용되어야 한다. 시스템학습법에서 학습이 진행될수록 학습속도가 빨라지는 이유가 바로 여기에 있다.

뇌과학은 신경과학의 한 분야이다. 뇌는 단조로울 때 좌뇌와 우뇌의 통일성이 감소하고 정신적 자극이 줄어든다. 스트레스는 뉴런의 퇴화를 촉진한다. 전문성은 뇌에 대한 집중적인 훈련을 통해 정서를 억제하는 능력을 기르는 것이다. 처음에는 기능을 학습해야 하지만 나중에는 학습한 것을 반복하면 된다. 혁신은 이성적, 정서적 재능을 창의적으로 사용하는 것이다. 사고의 유연성은 비즈니스에서 중요한 능력이다.

'두뇌의 비밀을 찾아서'의 저자 페터 뒤베케는 "스페리는 좌반구는 언어를 이해하고 논리를 사용하며 항상 의미를 찾아 헤매며 설명하려는 성향, 우반구는 얼굴을 알아보고 청각적 인상을 설명하고 음악적 이해를 하며 왼쪽 공간을 인지하며 연상 능력이 있고 종합적으로 작업한다는 것을 밝혔다"라고 말한다.

하버드 의과대학 정신과 교수 스리니바산 필레이는 “뇌의 변화 능력을 신경가소성이라고 한다. 주의와 감정은 서로 영향을 미친다. 뇌의 학습 능력도 필요하다. 전문가가 되려면 연습이 필요하고 연습은 홀로 있는 시간을 필요로 한다. 연습을 할수록 행동이 저절로 된다. 변화를 시도할 때는 작은 것부터 시작하는 것이 좋다”라고 말한다. ‘책을 보는 작은 행동’이 절실하지 않을까?

필레이에 의하면, 행동을 반복하는 것은 학습의 한 형태다. 반복은 장기 기억을 강화한다. 과잉 학습은 거의 자동으로 재현할 수 있을 때까지 학습하는 과정이다. 반복은 새로운 학습과 새로운 강화의 열쇠다. 앞으로 어떻게 될지 걱정하지 않는 것, 힘든 감정들을 한꺼번에 처리하려 않는 것이 중요하다.

‘좌뇌와 우뇌 사이’의 저자 마지드 포투히는 “뇌는 기억력, 집중력, 문제해결력에서 계속 변화할 수 있다. 해마에서는 성인이 된 다음에도 날마다 신경세포가 새로이 생성된다. 나는 노화로 인한 뇌 위축을 반전시킬 수 있고 뇌의 크기를 키울 수 있다는 결론을 얻었다. 뇌를 사용하면 시냅스 생성이 이루어진다. 솔크생명과학연구소의 프레드 게이지 박사는 성인의 뇌에서도 신경세포가 새롭게 만들어진다는 사실을 밝혀내었다”라고 말한다.

천재란 비상한 통찰력

'똑똑한 뇌 사용설명서'의 저자 샌드라 아모트는 "언어는 좌뇌에서 통제된다. 좌뇌는 수학, 논리, 질서 등을 관장한다. 우뇌는 감촉, 공간지각을 관장하며 현실적 근거를 다룬다. 뇌는 매우 능률적인 장치이며 뇌 전체가 필요에 맞게 사용된다. 우리는 뇌의 일부가 아니라 전체를 사용하고 있다. 뇌는 많은 부분들을 생략하는 경향이 있다"라고 말한다.

아모트에 의하면, 컴퓨터는 정보들을 순차적으로 처리하는 반면, 뇌는 병렬적으로 처리한다. 학습이 언어 발달에 중요하다는 사실이다. 뇌의 크기와 지능의 관계는 그리 관계가 없다. 학습과 학습 사이에 시간을 두면, 동일한 총 학습 시간을 한 번 갖는 것보다 두 배의 학습 효과를 낼 수 있다. 연습은 완벽을 만든다. 두뇌 능력은 나이가 들면서 향상될 수 있다. 어휘력도 노화의 영향을 받지 않는 편이다. 대부분 우리는 직관에 따라 행동한다. 만성 스트레스는 해마를 손상시켜 기억력 결함을 초래할 수 있다. 시스템학습법이 단번에 학습하지 않고 단계적으로 분산학습을 하는 이유가 여기에 있다.

'왜 뇌는 생각하는 대로 움직이는가'의 저자 마이크 바이스터는 '세계에서 가장 빠른 수학적 사고를 하는 사람'으로 알려져 있다. 바이스터는 "천재란 비상한 통찰력을 가지고 특출한 지적 능력, 창조성, 독창성을 지닌 사람이다. 기억은 중요한데 끊임없이 변화한다. 학습은 기억 과정이다"고 말한다.

'수학 학습심리학'의 저자 리처드 스켐프는 "진정한 의미의 수학 학습은 재미있고 즐거운 과정이다. 수학 학습의 첫째 원리는 수학적 아이디어를 의사소통하는 것에서 직접 얻을 수 있다. 적절한 예는 추상되는 과정이 비슷해야 한다. 개념을 학습하지 못한 학생에게는 학습 상황 자체를 뒤로 돌아갈 수 있게 해준다면 교정이 가능하다. 추상의 새로운 단계에서는 매번 모든 선행하는 개념들이 사용 가능해야 한다. 돌이켜 생각할 수 있는 능력이 필요하다"라고 말한다.

스켐프에 의하면, 기존의 스키마는 새로운 지식을 얻는 데 꼭 필요한 도구이다. 스키마식 학습이 암기식 학습보다 2배의 효과가 있었고 4주 후에는 7배의 차이가 났다. 공식의 근거를 이해하면 새로운 문제에 대한 스키마의 적응력을 높여 준다. 즐거움은 학습하는 가장 강력한 동기이다. 수학은 패턴의 과학이다. 패턴 인식은 매우 중요하며 다른 모든 기술을 앞선다. 패턴을 포착하게 되면 전반적인 성공을 앞당길 수 있다.

스켐프는 "집중은 앞에 있는 것을 전체로서 바라보는 능력이다. 자신감이 주목과 집중에 가장 필수적인 요소이다. 자신감과 자기 통제는 밀접한 관련이 있다. 우리는 이메일이나 전화 덕분에 망각의 피해자로 전락했다"고 말한다.

스켐프에 의하면, 우리 뇌는 백과사전 100억 쪽 분량의 정보를 저장할 수 있다. 이는 500쪽 책이라면 2,000만 권이라는 것이다. 교육의 본질은 창조성을 함양하고 문제를 해결하는 방법을 가르치는 것이다. 천재들은 창조성이라는 공통점이 있다. 논리는 상상력, 직관, 창의적 사고에 영향을 미친다. 중요한 단어를 강조하여 이를 중심으로 기억하는 것이 중요하다. 어떤 내용을 배우려면 그것을 여러 번 해본 뒤에 익숙해져야 한다. 시스템학습법이 지향하는 점을 분명하게 지적하는 말이다.

직관은 넘는다는 것은 직관과 더불어 이성적 뇌를 충분히 활용해야 함을 말한다. 인간 두뇌 능력은 매우 놀라운 것이다. 직관과 논리적 사고를 통합하는 이론이 필요하다. 학습에서 이론이 왜 중요한지 생각해보는 것이 필요하다.

03

이론의 힘

교육학자 듀이는 "좋은 이론보다 더 실용적인 것은 없다"고 말했다. 임마누엘 칸트는 "내용 없는 생각은 공허하고, 개념 없는 관점은 맹목이다"라고 말했다. '과학의 역사'를 저술하여 명성을 얻었던 아일랜드 출신 물리학자 버날은 "이론이 없는 주장은 맹신이고, 실천이 없는 주장은 허망한 것이다"라고 말했다. 참된 가치를 가지려면 어떤 주장이든 근거가 있는 이론이 있어야 믿을 수 있는 것이다.

현재의 시스템학습법을 '100% 시스템학습법'이라고 한다면, 필자가 금융기관 명퇴 얼마 전까지 활용하던 시스템학습법은 '85% 시스템학습법'이라고 부를 수 있다. 야마구치 마유가 활용한 학습법이 바로 필자의 '85% 시스템학습법'과 거의 똑같은 것이다. 85% 시스템학습법은 필자의 직관으로 고안했다. 100% 시스템학습법은 직관으로는 안 된다. 훌륭한 이론이 필요하다.

우주선은 방대한 이론들을 필요

라이트 형제가 최초로 비행기를 상공에 날려 비행에 성공하였던 것은 자전거 가게를 운영하던 그들이 직관 수준의 기술로 만들 수 있었던 비행기였다. 그렇다면 라이트 형제가 우주선을 만들 수 있었을까? 불가능한 일이다. 심오한 이론적 기반이 없으면 우주선 제작은 불가능하다. 우주선에 필요한 전문지식은 무척 깊고 방대한 이론들을 필요로 하기 때문이다.

필자는 명퇴 전에 학습심리학 이론에 몰두하여 많은 학습을 하였다. 그 결과 이론적 확신을 충분히 얻었다. 100% 시스템학습법은 이론적 뒷받침이 없었다면 탄생할 수 없었다는 사실이다. 독자가 지금 이 책에서 대하게 될 100% 시스템학습법의 가치를 알아본다면 독자는 '왕도' 즉 '천재'의 길을 걷게 되고 그 위력을 경험하게 될 것임을 확신한다.

에디슨은 '빈털터리'로 마감할 뻔, 왜? 이론이 없었다

토머스 에디슨은 위대한 기업가이자 발명가로 알려져 있다. 그는 '빈털터리'로 인생을 마감할 뻔하였다. 작고한 영국의 철학자이며 수학자 러셀은 "인간은 생각하기보다 죽음을 선택한다"고 말했다. 이는 인간이 생각하기를 어려워한다는 것이다. 이론은 생각하는 사람에게 있는 것이다.

에디슨은 "나는 발명하는 데 엄청난 희열을 느낀다"고 말했다. 그는 상업적으로 성공할 것만 발명하려 했다. 그는 "성공하려면 언제나 한 번 더 시도해보는 것이다"라고 말했는데 시행착오 방식이 그의 방식이었다. 축전지를 실험하던 에디슨은 "나는 수천 가지 모두 성과가 없다는 실험결과를 알게 되었다"고 말했다. 그는 "일단 부딪쳐보고 시도하고 또 시도한다"는 방식을 고집했다.

시행착오 방식이 그의 방식

그는 하루 6시간 이상은 자지 않았다고 한다. 에디슨은 수년 동안 많은 소송에 시달렸고 수백만 달러를 날렸다. 토머스 에디슨은 1847년 태어났다. 그의 아버지는 제재소와 곡물 운반업을 운영하였는데 에디슨이 10살 정도 되었을 때 상황이 바뀌어 가족은 파산했다.

에디슨은 초등학교를 몇 개월 다닌 것이 학력의 전부였다. 에디슨은 독학으로 많은 책을 읽었다. 그는 12살 때 철도회사에서 일자리를 얻어 신문과 과자 등을 파는 일을 했다. 14살에 철도 역무원한테서 전신기술을 배웠고 16세인 1863년에 전신기술자가 되어 6년간 보내게 되었다.

에디슨은 "나는 밤 10시 전에는 집에 들어가지 못하고 일요일을 빼고는 편지 쓸 시간조차 없다"고 말했는데 그는 근면했다. 그는 깊은 과학적 지식을 습득하지 못했고 이론 교육을 불신했다. 1864-1869년 웨스턴유니언의 전신기사로 일한 에디슨은 1869년 전신기사를 그만 두었다. 1869년 에디슨은 전자식 투표기록기로 첫 번째 특허를 취득했다. 그 특허를 의회에 팔려고 노력하였으나 거절당하였고, 그는 상업적 수요가 없는 것은 발명하지 않겠다고 결심했다.

원리, 이론보다 실용적인 것에 관심

에디슨은 "오직 노력에 의해서만 발명가가 될 수 있다고 나는 믿는다. 끈질긴 인내는 무슨 일이 있어도 필요하다"고 말했다. 에디슨은 1093개의 특허를 취득했는데 그 중 돈을 번 것은 몇 건에 지나지 않는다. 그가 돈은 번 것은 주로 전구, 축음기, 활동사진의 발명 덕이었다. 에디슨은 1876년 벨이 발명한 전화기의 취약점이 송신기에 있다고 판단하여 탄소 송화기를 발명했다. 에디슨은 시행착오를 겪는 과정을 중시하였다. 에디슨은 원리에 대한 이론보다 실용적인 것에 더 많은 관심을 가졌다. 에디슨은 "나는 과학자가 아니라 발명가다"라고 말했다.

에디슨은 1879년 전구를 만드는 데 필요한 금속은 백금이 아님을 깨달았고 탄소로 눈을 돌렸다. 영국의 발명가 스완은 영국에서 전구를 개발하고 자신의 회사를 설립했다. 맥심, 스완, 에디슨 그리고 다른 발명가 12명이 모두 전구를 발명했다. 에디슨이 전구 발명가로 인정받는 것은 명성과 기업가 정신이 다른 발명가들을 넘어섰기 때문이다. 영국의 스완과 발명에 대한 분쟁이 생기자 에디슨은 스완과 공동으로 에디스완사를 설립하였다.

에디슨은 시스템과 이론이 아니라 시행착오를 통한 발명 즉 "뭐든지 해보지 않으면 알 수 없다"는 방식이었다. 그의 무조건 시도해보는 방법은 오랜 시간의 노동을 필요로 했다. 에디슨의 전기는 직류였는데 직류는 전압을 높일 수 없어 전기 손실이 컸다. 에디슨은 1879년에 축음기를 발명했는데, 에밀 베를리너가 평판 음반형 축음기를 1889년에 내놓자 에디슨 축음기는 경쟁력을 잃었다. 1882년 에디슨은 자신의 전구에 필요한 직류전기를 판매하기 위해 뉴욕에 에디슨전등회사를 차렸다.

에디슨은 84세인 1931년에 세상을 떠났다. 에디슨에게 발명은 매우 고된 작업이었다. 그는 전구 필라멘트를 발명하기 위해서 수천 번의 시행착오를 거쳤다. 에디슨은 광석분리기를 개발하였는데 철을 추출해내는 장치였다. 그는 이를 사업으로 연결하였는데 크게 실패했다. 그가 10년간 시행착오를 거쳐 개발한 축전지는 효율이 훨씬 좋은 휘발유 자동차가 시장에 나오자 쓸모가 없게 되었다.

학문적 깊이가 없었기 때문

그는 '필라멘트 가닥 사이에 금속판이 전류의 흐름을 조절한다'는 에디슨 효과를 발견하였는데 이는 전자공학의 기초 원리였다. 그럼에도 에디슨은 그 원리를 주목하지 못했다. 학문적 깊이가 없었기 때문이었다. 그는 폭넓은 지식을 갖추고 새로운 학습을 갈구하는 사람을 원했다. 에디슨의 지식은 백과사전 수준이었지만 깊은 과학적 원리를 기초로 한 것이 아니었다.

에디슨은 직류를 이용해 사업을 했다. 경쟁자인 웨스팅하우스의 교류시스템은 에디슨의 직류시스템보다 월등했다. 에디슨의 직류발전기는 120V의 전기를 생산하였는데 송전 중에 전류가 감소하는 성질로 직류발전소는 뉴욕의 여러 지역에 건설되었다. 웨스팅하우스가 도입한 교류전기는 수천 볼트까지 전압을 올려 변압기에서 전압을 다시 110V로 내리면 되었다. 변압기는 전기를 싸고 쉽게 구할 수 있게 만들었다. 에디슨은 "교류는 비싸고 위험하다"고 주장했다.

1888년 교류시스템의 모터가 발명되었고 에디슨은 당황했다. 전기 경쟁에서 웨스팅하우스가 승리했다. 1893년 시카고 만국박람회의 전기시설 시행권을 따낸 웨스팅하우스는 교류를 이용해 선풍을 일으켰고 전기 경쟁을 끝냈다. 웨스팅하우스는 나이아가라 폭포에 수력발전소를 건설하는 공사를 에디슨회사를 누르고 따냈다.

당시 재력가 모건과 밴더빌트는 에디슨전기회사에 자금을 지원하였고 에디슨은 파산을 피할 수 있었다. 백만장자 다리우스 오그던 밀스, 웨스턴유니언사 대표인 윌리엄 오턴도 에디슨에게 자금을 지원했다. 자금을 지원한 윌리엄 밴더빌트는 뉴욕 센트럴철도의 회장이자 대주주였다.

노동 90%를 줄일 수 있는 이론과 계산

에디슨은 "우리가 진공에 대해 무얼 압니까?"라고 말했는데 이론이 부족하다는 실토였다. 에디슨은 직류를 고집하였는데 이론적으로 우위에 있는 웨스팅하우스와 테슬라에게 패배하였다. 전기 경쟁에서 패배한 에디슨은 1897년 에디슨전등회사의 주식을 싸게 팔아치웠다. 이론이 부족하였기에 전기 사업에서 경쟁력이 없었던 것이다.

에디슨은 이론을 그다지 믿지 않았다. 경쟁자인 니콜라 테슬라는 "노동의 90%를 줄일 수 있는 이론과 계산을 이용하지 않는 에디슨의 연구방법은 어리석다"라고 말했다. 에디슨은 1880년대 후반 저급광석에서 전자기적으로 철을 추출하는 방법을 사업화하였다. 그는 철광석 프로젝트에 200만 달러를 날리고 53세에는 빈털터리가 되었다. 그 사업에 필요한 실력이 없었기 때문에 성공할 수 없었다. 윌리엄 밴더빌트, 피어폰트 모건, 다리우스 오그던 밀스, 윌리엄 오턴 등 재력가들의 후원이 없었다면 에디슨은 '빈털터리'로 살았을 것이다. 에디슨이 이론을 갖추지 못한 것은 치명적 약점이었다.

테슬라는 에디슨 적수가 되기에 충분, 왜? 이론이 있었다

니콜라 테슬라는 학창시절 학습에 진력하였다. 그는 6개 외국어를 구사하였고 수학, 물리학, 공학에도 뛰어난 실력을 갖고 있었다. 테슬라는 에디슨의 유럽법인에서 미국으로 건너와 1884년 에디슨의 부하로 근무하게 되었다. 테슬라는 1년 후 독립하여 교류를 이용한 발전기와 동력기를 생산하였다. 그는 1885년 최초 특허신청을 한 이후 많은 특허를 땄다. 조지 웨스팅하우스가 테슬라의 교류특허권 중 40개의 권리를 사들여 사업에서 크게 성공했다.

테슬라는 1856년에 크로아티아에서 태어났다. 그는 특히 수학을 잘했다. 학교에서 테슬라는 새벽 3시부터 밤11시까지 열심히 공부했다. 주로 물리학, 수학, 역학을 공부했다. 1879년 그는 프라하 대학에서 공부했다. 테슬라는 1882년 부다페스트의 전화국에 근무하고 있었고 회전자계의 원리를 발견하고 교류 모터를 완성하였다. 교류 시스템을 완성한 그는 이후 고주파 연구를 했다. 1943년 미국 대법원은 라디오의 발명가를 마르코니가 아닌 테슬라로 인정했다.

니콜라 테슬라는 교류전력 시스템과 무선에 관한 특허로 20세기 기술의 기반을 다져놓았다. 테슬라는 1890년대에 고주파 발전기, 테슬라 코일, 동조회로 등 무선 전화의 기초 기술을 개발했다. 1882년 그는 에디슨 유럽법인에서 지사장 배철러가 해결하지 못하는 어려운 문제를 해결하였다.

깊은 이론, 기본원칙들을 조합해 문제를 해결

에디슨은 이론적 기반이 취약하였다. 그는 시행착오 방식으로 많은 노력과 시간을 소모했다. 대조적으로 테슬라는 깊은 이론을 갖추었고 기본원칙들을 체계적으로 조합해 영감을 얻고 문제를 해결했다. 테슬라는 에디슨의 일하는 방식에 대해 "약간의 이론과 계산을 할 수 있다면 에디슨 노력의 90%는 절약할 수 있었을 것이다"라고 말했다.

테슬라의 기술은 에디슨으로부터 즉시 인정을 받았다. 테슬라는 두 개의 회로를 사용해 교류 전동기를 만들어냈다. 그는 에디슨에게 자신의 가치를 증명했다. 에디슨은 전기 문제에 골치를 썩고 있었는데 이론적으로 취약하였기 때문이었다. 에디슨으로서는 어떻게 발전기가 서로 연결되어 전류 펄스가 동기화되는지 알 수 없었다. 테슬라는 24종류의 다른 표준 방안들을 고안했고 문제를 해결하였다. 교류 시스템은 직류 시스템보다 훨씬 큰 전압을 만들어 먼 거리까지 전기를 전송할 수 있었다. 직류는 단거리마다 발전소를 따로 두어야 하기 때문에 경제적이 아니었다. 테슬라는 교류 발전기를 세계최초로 만들어 냈다. 그는 깊은 이론으로 복잡한 수학문제, 전기공학 문제들을 해결할 수 있었다.

교류 모터를 만들었던 테슬라는 웨스팅하우스와 협상하였고 자문 역할을 하는 데 동의했다. 이론에 박식한 테슬라가 웨스팅하우스의 자문역할을 하자 웨스팅하우스의 사업은 큰 힘을 얻었다. 웨스팅하우스와 테슬라는 엔지니어들과 백만장자들에게 교류야말로 이상적인 기술이라는 점을 확신시켰다.

에디슨 적수가 되기 충분한 해박한 이론

1888년 테슬라는 컬럼비아대학에서 '교류유도전동기에 대한' 중대한 강연을 가졌다. 테슬라는 무선장비를 완성했다. 테슬라는 전기에 대해 모르는 것이 없었다. 테슬라는 훨씬 뛰어난 이론가였을 뿐만 아니라 실용적인 면에서도 에디슨의 적수가 되기에 충분했다. 여기에 해박한 이론을 갖춘 전기 지식과 탁월한 지적 능력이 결합되었다.

이론적으로, 실용적으로 모두 직류와 교류의 차이, 교류의 우수성은 너무도 분명하였다. 교류를 이해하려면 미적분학에 관한 지식이 필요한데 에디슨의 지식은 초등산수에 불과했다. 테슬라가 개발한 고주파 발전기는 고주파를 만들어낼 수 있었다. 1893년 테슬라는 무선

장치로 근거리 송수신 실험에 성공했다. 테슬라의 공진에 의한 동조, 안테나(공중선), 어스(접지), 전자관에 의한 검파 등은 무선 전신, 무선 전화, 라디오의 기본원리가 되었다.

레지널드 페센든은 1906년에 무선 전화를 발명했다. 페센든이 사용한 발전기는 테슬라의 발전기를 개량한 것이었다. 테슬라가 발견한 지구 정상파는 오늘날 극초장파에 의한 슈만 공명으로 알려져 있는 현상이다. 테슬라는 X선 발생장치, 태양열발전시스템, 기상제어 장치 등을 개발했다. 또한 고성능 브레들리스 터빈과 수직 이착륙기 특허를 취득했다. 그는 액체 공기로 코일을 냉각해 저항이 증가하는 것을 막는 방법을 고안하였다. 이는 저온공학의 선구적 연구였다.

'공진'이란 물체의 고유진동수와 일치한 진동이 합쳐지면 커다란 진동이 일어나는 현상으로 음파에서는 공명이라고 한다. 동조회로란 공진의 원리를 이용해 특정 주파수의 전파를 선택하는 기술이다. 1892년2월 윌리엄 크룩스는 전자기파가 무선통신에 이용될 수 있다는 사실을 발표해 테슬라가 예견했던 내용을 확인했다.

이론에 밝은 테슬라는 숨은 관계를 찾아내 발명

에디슨은 '에디슨 효과'로 알려진 현상의 가치를 알아보지 못했는데 과학적 원리에 대해 이론이 없었기 때문이었다. 테슬라는 X-레이의 위험성을 보고하면서 X-레이 장비의 구성과 안전한 작동에 관한 강의를 했다. 테슬라는 1897년9월 무선통신 특허를 출원했고 1900년에 특허승인을 받았다. 이론에 밝은 테슬라는 숨은 관계를 찾아내어 발명으로 연결할 수 있었다.

테슬라는 공진 변압기를 만들었고 1893년에는 무선전신 시스템을 완성했다. 1901년에 특허에서 그는 "도체의 온도를 최대한 낮추면 저항을 상당히 줄일 수 있기 때문에 전류가 흐를 때 에너지 손실을 최소화할 수 있다"고 밝혔다. 테슬라는 새 터빈을 개발하는 데 성공했다. 그는 1898년에 무선통신 특허를 취득했다. 레이더 개발은 1917년 레이더 원리를 발표한 테슬라로부터 시작되어 국제적인 노력이 결합하여 나온 결과였다. 테슬라는 자동차 속도계에 대한 제조허가를 내주었는데 속도계와 기관차 전조등에 대한 특허료로 1917년에만 1만7천 달러를 벌어들였다. 당시 근로자들의 연봉은 500달러 정도였다. 테슬라는 1922년 유체역학에 관한 새로운 특허를 출원했다. 노년에 테슬라는 자신이 발명한 고주파 전기치료 장치가 높은 평가를 받고 있다는 소식에 매우 기뻐했다.

니콜라 테슬라는 '뉴욕타임스'가 "우주에서 온 환상의 발명가"라고 극찬하였다. 그는 독특한 피뢰침과 공기정화 장치를 고안했다. 테슬라는 모두 111개의 미국 특허를 보유했지만 등록하지 않았던 다른 발명품들이 더 많았다. 테슬라가 사망하고 8개월 후에 미국 대법원은 "무선통신 기술의 발명가가 테슬라"라고 결정했다. 이론의 힘은 크다. 학습에서 이론이 제대로 갖춘 경우와 그렇지 않은 경우는 결과에서 큰 차이로 나타날 수 있다. 필자가 시스템학습법을 100% 시스템학습법으로 만든 것은 직관적 노력을 넘어 이론적 기반이 있었기 때문이다.

노년에도 명석한 두뇌

약학박사이며 일리노이대 교수를 역임한 이쿠타 사토시는 그의 저서에서 "인간 뇌에는 1,000억 개의 신경세포와 그것의 10배가 넘는 글리아세포가 공존한다. 스웨덴 살그렌스카 대학병원에서 연구하던 피터 에릭슨과 게이지는 50대-70대의 뇌에서 신경세포가 새롭게 생성된 것을 발견했다. 하루에 500-1,000개의 신경세포가 새로 만들어졌던 것이다. 이는 성인의 뇌에서 신경생성이 일어나고 있음을 밝힌 첫 사례였다"라고 밝혔다. 이 사례가 1998년11월 전세계로 뉴스로 전달되었고 뇌과학계를 뿌리째 흔들어놓았다. 이런 사실이 아직도 밝혀지지 않았다면 필자는 70살 가까운 이 나이에 과연 학습하고 있을까? 매우 소중한 연구를 해준 스웨덴 연구자들이 고맙다.

'창조지능이 미래를 결정한다'의 저자 앨런 로우는 저서에서 "캐서린 햅번은 86살까지 살았는데 노년에도 연기에 몰입했고 대사를 한 마디도 틀리지 않게 기억한 것으로 유명했다"라고 말했다. 노년에도 명석한 두뇌 능력을 유지할 수 있음을 주장한 것이다.

런던대학교 교수 우타 프리스는 "성인 뇌에는 약 천억 개의 신경세포와 뇌 세포들 사이의 약 일천조 개의 연결들이 있다. 많은 아동들이 어린 나이부터 이중 언어를 학습하며, 성인들도 새 단어를 빠른 속도로 습득한다"라고 밝혔다. 이는 나이에 불문하고 학습 능력, 언어를 배우는 능력이 있음을 증언한다. 가끔 필자는 강의에서 "내가 서울대학 신입생들과 외국어를 새로 배운다면 누가 잘 배울까요?"라고 질문하곤 한다. 청중들을 당연히 '서울대학 신입생들'이라고 대답한다. 과연 그럴까?

MIT의 노암 촘스키는 아기가 선천적인 언어습득 장치를 가지고 있다고 주장했다. 좌반구는 계산을 하며 우반구는 어림셈을 한다. 우리는 뇌의 양쪽을 모두 사용하고 함께 작동한다. 공간능력은 남성이 더 우수하고 언어능력은 여성이 더 우수하다. 학습은 연령과 관계없이 이루어진다. 성인의 뇌에도 엄청난 변화 가능성이 있다. 연구 결과, 성인의 뇌에서 새로운 세포가 자랄 수 없다는 생각이 무너뜨려졌다.

신경심리학자 도널드 헵 박사는 "학습은 뉴런 사이에 새로운 시냅스 연결이 형성되면서 이루어진다"고 말했다. 새로운 지식을 습득할 때마다 새로운 신경 회로를 만든다는 것이다. 지력은 학습한 지식이고 지혜는 경험한 지식이다. 신경심리학자 골드버그 박사는 "우뇌의 기능은 새로움을 인지하는 것이고, 좌뇌의 기능은 일상을 인지하는 것"이라는 논문을 발표했다. 좌뇌가 익숙한 행동과 정보의 창고라면 우뇌는 새로운 경험을 처리하는 창고다. 우뇌는 공간감각을 담당한다. 인간은 뇌를 이원적으로 운영하여 학습한다는 것이다. 시스템학습법은 우뇌를 많이 활동하며 3단계에서는 우뇌와 좌뇌를 함께 활용한다.

컴퓨터가 하지 못하는 인간의 창조성

뇌 과학자이며 물리학자인 모기 겐이치로는 "컴퓨터가 하지 못하는 것 즉 인간의 창조성 발휘는 더욱 중요하다. 보통 사람과 천재의 차이는 정말 사소한 것이다. 창조적인 능력에는 직관의 역할이 크다. 직관은 중간 과정을 생략한 채 결론에 이르게 한다. 창조성의 최고 형식 중 하나는 자기 자신이 변하는 것이다"라고 말한다. 뇌는 차이를 통해서 가장 많은 학습을 한다.

뇌 과학자 조지워싱턴 대학교 의과대학 교수 리처드 레스탁은 두뇌에 관한 12권의 저서를 펴냈다. 그에 의하면, 많이 사용하면 두뇌 능력이 향상된다는 것이다. 두뇌 무게가 증가하는 것은 시냅스의 수가 증가하기 때문이다. 두뇌는 정신적 활력을 유지해야 치매에 걸릴 확률이 줄어든다. 천억 개의 신경세포는 그보다 많은 수의 비신경세포인 글리아로 구성되어 있다. 신경단위 연결(회로)의 수만 생각한다면 10의 백만 승이라는 놀라운 수를 얻게 된다. 우주의 입자 수가 10에 영이 79개 붙는 정도임을 고려하면 엄청난 것이다. 뉴런의 열 배도 넘는 글리아 역시 의사소통 능력이 있다고 추정된다.

배우기를 멈추면 정신 능력과 수행력이 감퇴한다. 창의력은 독창적인 연결 능력이라고 할 수 있다. 두뇌 세포는 학습과 기억을 담당하는 핵심부인 해마에서 끊임없이 증식한다. 지적 활동에 활발한 사람들은 노인성 치매에 걸릴 확률이 크게 줄어든다는 사실이다. 독서를 하면 두뇌 영역이 확대된다.

배우기를 멈추면 정신 능력이 감퇴

독서는 두뇌 영역을 활성화한다. 스페리는 "좌뇌는 사물을 잘게 쪼개려는 경향이 있고 공통점보다 차이점에 주목한다. 우뇌는 전체적인 그림을 인식하며 여러 동작들을 동시에 진행하는 병렬처리를 담당한다"라고 말한다. 인간은 좌뇌와 우뇌가 통합해서 활동한다.

두뇌 훈련에서 연습을 하면 긴장하고 집중할 필요성이 점점 줄어든다. 책을 반복해서 읽다 보면 깊이 생각하고, 율동적으로 독서할 수 있게 된다. 또한 의미의 미묘한 차이와 이해하기 어려운 부분들도 감상할 수 있고 다시 읽을 때마다 반응도 달라진다는 것이다.

레스탁에 의하면, 뇌는 적응성 즉 변화하는 능력을 유지한다. 외국어를 유창하게 하려면 우리 뇌가 외국어에 맞는 새로운 회로를 구성해야 한다. 우리는 모든 언어를 처리할 수 있는 능력을 가지고 태어났다. 반복적인 연습을 꾸준히 되풀이해야 한다는 것이다. 연습을 통해 뇌를 강화하는 원리가 있다. 음악성은 주로 우반구에서 발현된다. 뇌의 회로는 나이에 상관없이 거의 모든 연령층에서 재구성할 수 있다. 우리는 뇌의 적응력 즉 사용하면 더욱 발달하고 그렇지 않으면 퇴보한다는 원리를 발견하게 된다.

존스홉킨스의과대학 신경과학 교수 가이 맥칸은 "노인들도 잘 배우면 젊은 사람처럼 정확하게 기억한다는 것이 입증되었다. 기억하려 하지 말고 메모를 해두면 쉽게 생각난다. 스트레스는 뇌를 손상시킬 수 있다. 피아니스트 루빈슈타인은 나이 90대에 연주했고, 첼리스트 파브르 카잘스도 그러했다. 음주, 영양, 흡연 등은 노인 건강에 큰 영향을 미친다"라고 말한다.

자동화는 도움이 되었지만 창조성에 피해

'생각을 통제하는 거대한 힘 유리감옥'의 저자 니콜라스 카는 "인공지능은 인간 지능이 아니다. 우리는 자동화가 주는 혜택들을 과대평가한다. 자동화는 우리를 행위자에서 관찰자로 전락시킬 수 있고 복잡한 일을 하는 사람들의 지력을 약화시켜 판단력을 흐리게 만들 수 있다"라고 말한다. 자동화로 인해 근로자는 숙련 기술자가 되는 기회가 줄어들었다. 진정한 지적 능력은 논리와 상상력을 발휘하면서 개념적, 비판적, 은유적, 명상적이고 재치 있게 생각할 수 있는 유연한 사고다.

니콜라스 카에 의하면, 인간은 상황과 맥락을 이해하지만 컴퓨터는 그런 능력이 없다고 한다. 이누이트족이 GPS기기를 사용하면서 이들의 탁월한 지리적 감각과 통찰력이 줄어들었고 심각한 사고가 발생하기도 했다. 컴퓨터는 상상력이 부족하다. 로봇 제초기는 아무런 죄책감 없이 동물들을 죽인다. 기술 습득에 따른 정신적, 도덕적인 갱생 효과가 있다는 사실이다. 자동화는 속도, 편리함 등에서 도움이 되었지만 창조성에 피해를 입힐 수 있다고 한다. 스마트폰에 몰두하는 것은 창조성을 해칠 가능성이 높다는 것이다.

케이스웨스턴리저브대학 생화학 교수 제임스 줄은 저서에서 "학습은 뇌의 변화이다. 대뇌는 사고와 학습을 책임지고 있다. 학습은 이미 알고 있는 지식을 출발점으로 한다. 신경세포에는 축색돌기와 가지돌기가 있는데 축색돌기는 정보를 보내고 가지돌기는 신호를 붙잡아서 세포체로 전달한다. 신경세포로 신호가 이동하는 장소는 시냅스라고 한다. 축색돌기 주변을 겹싸고 있는 물질의 띠를 미엘린이라고 한다. 미엘린은 뇌의 능력과 기술이 성장하는 데 중요한 역할을 한다"라고 말한다.

그에 의하면, 뇌에는 천조 이상의 연결이 있는 셈이다. 아무리 많은 시냅스가 있다 해도 계속해서 더 성장할 가능성이 있고 뇌는 무한하게 연결되어 있는 구조이다. 시냅스는 사용할수록 더 강해진다. 반복해서 사용하는 것이 학습에 효과적이다.

성인 두뇌는 가소성과 탄력성을 동시에

하버드의과대학 정신의학과 교수 존 레이티는 "두뇌에는 천억 개의 뉴런이 있고, 그보다 10배나 많은 세포가 뉴런들이 행하는 계산을 돕고 있다. 신경전달물질이 53가지나 밝혀졌다. 성인 두뇌는 가소성과 탄력성을 동시에 갖고 있으며 항상 배우려고 한다. 신경교세포는 신경세포가 이동하는 동안 뉴런에게 영양분을 주고 안내하며 보살핀다"라고 말한다.

잠깐!

물리학자 버날은 "이론이 없는 주장은 맹신이고, 실천이 없는 주장은 허망한 것이다"라고 말했다. 독자는 이론의 가치를 어느 정도 파악하는가? 이론이 분명하지 않으면 그것은 '맹신' 또는 미신이고, 실천이 제대로 되지 않아 '허망한 것" 즉 시간과 힘과 돈을 헛수고에 낭비하는 것이다.

켄터키대학교 데이비드 스노든 교수는 "나이가 들어도 지적 도전은 신경 연결을 증가시키고 수상돌기의 성장을 자극한다"고 말했다. 그에 의하면, 지각 과정에 의해 뇌가 변화된다는 사실이며 연습이 새로운 두뇌를 만든다. 학습을 많이 한 사람은 뛰어난 기억력을 가지고 있고 시간이 지나도 기억의 변화를 덜 경험한다는 사실이다. 정신 운동인 학습은 두뇌를 유연하고 탄력 있게 만들며 신경연결을 강화한다.

스탠퍼드대학교 신경과학박사 티나 실리그는 "혁신은 상상력과 창조성을 토대로 집중력을 발휘하고 관점을 재구성하는 과정을 거친다. 이메일, 전화, 문자 메시지, 잡담은 주의를 끊임없이 분산시킨다"라고 말한다. 하버드대학교의 앨런 랭거 교수는 "집중력이 창조성과 수행 수준에 영향을 미친다"고 말한다.

인간의 독특성은 두뇌

'인간지능의 수수께끼'의 저자 제임스 트레필은 저서에서 "두뇌에는 약1천억 개의 뉴런이 들어 있다. 두뇌 세포 중 무려 90%는 뉴런이 아닌 신경교 세포이다. 이 세포는 뉴런보다 작으며 주로 보조적인 기능을 담당한다. 각각의 축색은 미엘린으로 덮여 있다. 신경교 세포는 뉴런은 아니지만 두뇌에서 가장 많은 비중을 차지하는 세포이다. 인간의 독특성은 두뇌가 복잡한 적응 시스템이라는 점에서 타당하다"라고 말한다.

심리학자 앤더스 에릭슨은 "모든 스킬은 일종의 기억이다. '10년 규칙'은 어떤 분야든지 세계적인 수준의 전문가가 되려면 대략 10년 동안 연습에 전념해야 한다는 규칙이다. 요컨대 모든 스킬 형성은 근본적으로 똑같은 메커니즘을 사용한다"라고 말한다. 그에 의하면, 모차르트가 6살 때까지 음악을 공부한 시간은 약 3,500시간이었다고 추정된다. 천재의 진정한 전문성은 심층연습에 몰두할 수 있는 능력이라는 것이다. 드웩 박사의 연구에 의하면, 노력에 대한 칭찬을 받은 아이들은 처음 점수보다 30% 향상되었지만 지능에 대한 칭찬을 받은 아이들의 점수는 20% 하락되었다. 모든 것이 칭찬 한 마디 때문이었다. 노력이나 점진적인 발전의 가치를 긍정하는 언어를 사용해야 한다는 것이다.

에릭슨은 "사람을 탁월하게 만드는 것은 유전자가 아니라 '자신을 한계상황까지 몰아넣고, 이로 인한 성과에 대한 자제력을 키우려는 의지'이다. 탁월한 성과를 거두기 위해서는 서둘러 결과를 얻으려는 조급한 충동을 억누를 수 있어야 한다"고 말한다.

그에 의하면, 유명한 첼리스트 파블로 카잘스는 "완벽하게 연주하려면 끊임없이 개선하려는 생각을 품고 있어야 하며, 이런 자세로 노력하다 보면 항상 개선의 여지를 발견하게 된다"고 말했다. 철저한 연습이야말로 가장 핵심적인 요소이다. 계산의 효율성은 반복할수록 향상되기 때문에 그 결과로 계산에 따른 전체적 두뇌활동은 오히려 감소한다는 것이다. 변화에 적응하는 뇌의 능력 곧 적응성은 일평생 유효하다. 시스템학습법에서 10회의 학습은 철저한 연습을 보장하는 뛰어난 방법이다.

좌뇌는 직렬 처리, 우뇌는 병렬 처리

'초우뇌혁명'의 저자인 시치다 마코토는 저서에서 "나는 40년 동안 우뇌 개발 교육을 실시해 왔다. 좌뇌의 기억은 금방 잊히지만 우뇌를 통한 기억은 이미지로 언제라도 재현될 수 있다. 고속 자극이 좌뇌를 쉬게 하고 우뇌를 활성화한다는 것은 알려진 사실이다"라고 말한다. 좌뇌는 정보를 언어화하고 우뇌는 이미지로 처리한다. 시치다는 "좌뇌로 책을 읽는 것보다 우뇌로 읽는 것이 속도가 훨씬 빠르다. 어학이란 우뇌에 입력해야 잘할 수 있는데 우뇌의 무의식 처리에 맡기는 것이다. 우뇌는 긴장이 풀리고 평온한 상태에서 열린다"라고 말한다. 시스템학습법은 우뇌를 많이 활용하는 학습법임을 독자는 알 것이다.

시치다에 의하면, 좌뇌의 정보처리 방식은 '직렬 처리방식'이다. 우뇌의 정보처리 방식은 '병렬 처리방식'이다. 좌뇌는 지식, 판단력, 사고력 등을 지배한다. 우뇌는 이미지의 뇌이며 자율신경 등을 담당한다. 머리의 좋고 나쁨은 없으며 모두 같은 능력을 가지고 있다. 현재 세계의 교육은 좌뇌에 의한 교육이다. 우뇌 교육이 필요하다.

천재란 우뇌와 좌뇌를 조화롭게 사용

시치다는 "천재란 우뇌와 좌뇌를 조화롭게 사용하는 사람들이다"고 말한다. 그가 말하는 것은 모두 의학과 뇌생리학의 전문서적에 쓰여 있는 것이라고 한다. 모든 인간은 천재적 두뇌능력을 갖고 있다. 우뇌는 무의식으로 일하는 머리이다. 좌뇌는 의식의 머리이고 비판적이고 저속 학습이며, 우뇌는 긍정적이고 고속학습이다.

시치다는 "우뇌적 사고방식이 좌뇌적 사고방식보다 우월하다. 패러데이, 아인슈타인, 테슬라, 다빈치 등이 우뇌적 사고방식의 학자들이다. 프랑스의 천재적 수학자 포앵카레는 책읽기 속도가 매우 빨랐고 우수한 기억력으로 유명했다"라고 말한다. 좌뇌는 분석적인 뇌이고 우뇌는 전체로 받아들이는 뇌로 우뇌는 대량, 고속 학습에 적합하다. 독서를 하되 중요한 단어에 표시하거나 메모를 하면서 학습하면 효과가 좋다는 것이다.

시스템학습법은 1단계, 2단계를 우뇌를 충분히 활용하는 방법이며, 3단계는 우뇌와 좌뇌를 함께 활용한다. 그래서 재래식 학습법보다 학습 속도가 빠르고 과학적이기에 이해 능력과 암기 능력이 높아진다.

잠깐!

'감성지능'의 저자 대니얼 골먼은 "대체적으로 경쟁적 성과의 우위에 선 사람들을 구분하는 것은 그들이 얼마나 일찍부터 몇 년씩 반복되는 고된 연습을 시작했는가이다. 충동에 대항하는 것은 모든 감성적 자기 통제력의 근원이기도 한다. 충동을 지연시키는 능력은 중요하다. 욕구의 충족을 지연시키는 능력이 지능지수와 별도로 지적 능력에 큰 공헌을 한다"라고 말한다.

골먼에 의하면, 다양한 능력을 개발하는 것은 자기 효율성의 감각을 강화하는 것이다. 스탠퍼드 대학의 앨버트 밴두라 박사는 "자신의 능력에 대한 신념은 그 능력 자체에 중대한 영향을 끼친다"라고 말했다. 칙센트미하이 박사는 "창조적 성과는 외골수적인 몰입에서 비롯되는 것이다"라고 말한다. 중요한 차이는 공부하는 질. 환희에 끌려서 공부하는 것이다. 성공을 위한 사회적 능력은 매우 중요하다. 두뇌가 새롭고도 건강한 반응을 학습하는 것은 충분히 가능한 일이다. 감정을 제어하는 능력은 중요하다. 가장 중요한 사회적 능력은 감정이입 능력이다. 시스템학습법을 통해 많은 학습을 하게 되면 자신감이 증가되고 감정도 여유가 생긴다. 이는 감성지능을 높여주는 좋은 원료가 된다.

'우뇌혁명'의 저자 블랙슬리는 "좌우 양반구는 연결되어 서로 정보를 교환한다. 현재의 교육이론은 좌뇌 중시 사고에 지배되어 있다. 우뇌는 순간적으로 전체의 상황을 파악하고 좌뇌는 복잡한 일을 면밀한 논리로 처리한다. 창조적인 돌파구는 직관적인 비약에 의해 이루어지는 일이 많다. 수학 분야에도 시각적인 사고에 크게 의존하고 있다. 아인슈타인은 무의식에 부호와 논리를 대응시키려는 시도가 창조적인 사고로 이어졌다"라고 말했다.

아인슈타인은 우뇌와 깊이 관련

블랙슬리에 의하면, 아인슈타인이 우뇌 활용을 많이 하였다는 것이다. 직관적인 통찰은 어떤 패턴의 유사성을 간파하는 작업이다. 좌뇌와 우뇌는 서로 상호 보완한다. 우뇌의 감각적 사고능력이 매우 중요한 것이다. 세상에서 크게 성공한 사람들은 직관이 뛰어난 사람들이다. 천부적인 영업 센스도 직관과 관련된다. 천부적 감각, 직관은 우뇌의 영역이다. 오랜 훈련과 반복으로 의식적 노력을 하지 않는 단계에 이르면 무엇인가를 '터득했다'는 경우가 우뇌 작용이다.

컴퓨터는 기본적으로 좌뇌의 역할을 한다. 우뇌는 논리의 비약을 보충하는 창조성과 직관적인 돌파구를 열 능력이 있다. 좌뇌는 직렬적인 방법으로 생각하고, 우뇌는 병렬적인 방법을 사용한다. 우리는 좌뇌와 우뇌를 모두 활용할 수 있어야 한다.

교육학자 듀이는 "좋은 이론보다 더 실용적인 것은 없다"고 말했고, 칸트는 "내용 없는 생각은 공허하고, 개념 없는 관점은 맹목이다"고 말했다. 물리학자 버날은 "이론이 없는 주장은 맹신이고, 실천이 없는 주장은 허망한 것이다"라고 말했다. 이는 학습법이 실제 효과가 있어야 하고 믿을 만한 이론이 있어야 한다는 것이다. 요컨대 이론과 실제 효과가 모두 필요하다. 둘 중에 하나만 있으면 중대한 결점이 있는 것이다. 시스템학습법은 필자의 수십 년간의 경험과 많은 독자들의 경험, 두뇌과학과 학습심리학 이론이 뒷받침하는 학습법임을 독자들은 유념하기 바란다.

04

지혜로운 삶

맹자는 "일정한 생활근거(恒産)가 없으면 일정한 마음(恒心)이 없게 된다"고 말했다. 맹자는 '현명함'과 '능숙함'을 구분한다. '현명함'이 내면적 도덕 품격 또는 덕성이라면 '능숙함'은 경제치국의 재능을 가리킨다. 필자가 학습을 강조하는 이유는 학습이 항산을 통해 항심을 가질 수 있는 지혜를 주기 때문이다.

'창조자들'의 저자 폴 존슨은 "인간은 무언가를 창조하는 순간 큰 행복을 느낀다. 창조적인 사람들은 한결같이 앞선 사람의 성취를 기반으로 삼는다"고 말한다. 17세기 나폴리 화가 루카 조르다노는 노력파였는데 숙련도나 창조력은 이류에 머물렀다. 그는 상속자에게 30만 개의 엄청난 금화를 유산으로 남겼다. 피카소는 상업적으로 큰 성공을 거두었는데 그가 세상을 떠난 1973년 2억8천만 달러의 유산을 남겼다.

창조는 고된 작업이지만 의미 있는 삶

많은 창조적 예술가들은 가난했고 거의 모든 창조적 활동은 극도로 힘겨운 작업이다. 모차르트의 악보나 자필 원고 등을 보면 그가 얼마나 열심히 일했는지 드러난다. 베토벤은 피아노 줄이 끊어지고 건반이 망가지고 가난까지 덮치는 혼란 속에서 잃어버린 청력과 싸우며 현악4중주 130번, 131번, 133번, 135번을 완성했다. 창조는 고된 작업이지만 창조적 예술가는 의미 있는 삶을 산다.

존슨은 "제프리 초서(1342?-1400) 이후에 영국의 문학이 생겼다"라고 말한다. 초서는 영어로 글을 쓴 사람 중에 가장 창조적인 인물의 한 사림으로 평가받는데 그가 남긴 원고는 약 82편에 이른다. 런던의 성공한 포도주 상인의 아들인 그는 1374년 관세청 책임자, 1389년 왕실 사무관이라는 직책을 맡았다. 그는 프랑스어, 이탈리아어, 독일어, 플랑드르어, 스페인어를 할 줄 알았다.

존슨에 의하면, 초서는 엄격한 실용주의자였고 전문용어에 정통했다. 영어에 미친 그의 영향력은 타의 추종을 불허하는데 그는 어휘 8,000개를 사용하였다. 셰익스피어는 3배인 24,000단어를 사용했지만 초서가 창조한 언어를 물려받아 추가한 셈이다. 초서는 대화체로 글을 썼는데 전례가 없는 방법이었다.

폴 존슨은 "북유럽의 다빈치라고 불렸던 독일 출신의 알프레드 뒤러는 예술가일 뿐 아니라 학자로서 상당한 장서를 보유했고 책을 읽으면서 끊임없이 배우려고 노력했다"라고 말한다. 뒤러는 근면하고 엄격한 삶을 살았다. 1489년 도제계약이 끝나면서 뒤러는 자유롭게 활동하기 시작했다.

알브레히트 뒤러(1471-1528)는 목판화 346점, 인그레이빙 105점, 초상화, 제단화, 에칭과 드라이포인트, 현존하는 소묘 970점 등 많은 작품을 남겼다. 뒤러는 1507년부터 총 네 권으로 구성된 첫 논문 ‘인체 비례에 관한 네 권의 책’을 저술했다. 1525년에는 학생용 지침서 ‘측정 입문’를 출간했다. 1527년에는 축성법에 관한 저술을 완성했다. 뒤러는 금화 6,874플로린을 남겼다. 그의 시각은 매우 신선했고 그의 선은 선명했다.

폴 존슨은 “셰익스피어는 작품을 쓰고 다시 고쳐 쓰기를 마다하지 않았다. 그의 지식은 혼자 책을 읽으며 얻은 것이었다”라고 말한다. 셰익스피어가 사용한 단어는 극도로 절제되어 있고 짧은 단어를 사용했다. 그는 희곡과 운문, 적절히 음악을 삽입하는 천재성을 보여주었다”라고 말한다.

윌리엄 셰익스피어(1564-1616)는 20대 초반에 전문적으로 글을 쓰기 시작했고 틈틈이 배우생활을 했다. 그는 39편의 희곡을 완성하고 시 십여 편, 소네트 수백 편을 썼다. 문법학교에서 교육을 받았던 그는 학교 교사를 하다가 순회극단과 연을 맺으면서 배우 겸 극작가로 활동했다. 셰익스피어의 위대함은 “그의 지식은 혼자 책을 읽으며 얻은 것”이라는 점이다. 학습하는 자에게는 위대함과 지혜의 길이 열려 있다.

진정한 지혜로움은 다른 사람 시각이 아니다

존슨은 "바흐는 오르간, 바이올린을 익히고 기보법까지 통달한 후부터 독학을 시작해 평생 혼자 음악을 공부했다"라고 말한다. 바흐는 궁정에서 바이올린을 연주하였고 교회에서 오르간을 연주하였다. 바흐는 한결같이 열심히 일했으며 실력과 경력에 자부심을 갖고 있었다.

요한 세바스티안 바흐(1685-1750)는 9살이 되던 해 졸지에 고아가 되었고 형 야코프와 함께 맏형 크리스토프의 보살핌을 받았다. 그의 생전에 출간된 작품은 9편에 불과했다. 교회 칸타타, 세속 칸타타, 수난곡, 합창곡, 오르간 연주곡 등 그가 작곡한 작품은 1,700편 정도로 추정되며 현존하는 것은 1,200편 정도이다. 멘델스존이 1829년 최초로 바흐 작품을 연주하였고 그 결과 바흐의 작품이 각광을 받기 시작했다.

폴 존슨이 추적했던 '창조자들' 혹은 '천재들'은 독자들이 볼 때 지혜로운 삶을 살았다고 할 수 있는가? 인간들의 불완전한 시각에 의한 평가에 많이 의존하는 것은 그 자체가 불완전한 것이다. 진정한 지혜로움이란 다른 사람들의 시각이 아니라 자신의 시각에서 평가해야 하지 않을까? 자신이 스스로 의미 있는 삶을 살았다고 생각해야 진정 '창조자' 혹은 '천재'가 될 수 있을 것이다. 남에게 피해를 주고 주위에 민폐를 끼치면서 세상의 명성을 얻는 것은 진정 '지혜로운 삶'을 살았다고 말하기 어렵다.

작은 욕심, 작은 봉사, 작은 기쁨

일본 샤프의 창업자 하야카와 도쿠지가 좌우명으로 삼은 것은 세 가지 즐거움 즉 '작은 욕심, 작은 봉사, 작은 기쁨'이었다. 1980년 도쿠지는 87세로 사망했다. 도쿠지는 소학교 2학년을 수료한 것이 전부였는데 향학열이 불타는 아이였다. 그는 야학에서 주산과 한문을 배웠다. 도쿠지는 구멍이 필요 없는 벨트를 발명해 특허를 받았다.

무언가 배우고 생각하는 것이 습관이던 그는 수도 자재의 부속품 9개를 3개로 만들었다. 30분 걸리던 설치 작업이 1분이면 가능했고 큰 히트를 쳤다. 샤프펜슬도 개량을 거듭해 1915년 완성했다. 일본에서 라디오 방송은 1925년 시작되었다. 도쿠지는 광석라디오를 분해해 연구하기 시작했다. 그는 샤프 라디오라는 상표를 등록했고 샤프 라디오는 해외 수출도 했다.

1929년의 불황에도 도쿠지의 회사는 라디오 부품의 실용신안특허를 5건이나 등록했고 실적도 좋아졌다. 도쿠지는 "우선 경영자 자신이 불타지 않으면 직원들의 마음에 불을 당기기가 어렵다"고 말했다. 그는 직원들을 교육하고 키워나가는 것이 인재를 축적하는 지름길임을 깨달았다. 도쿠지는 일본 최초로 국산 텔레비전1호를 선보였는데 1951년이었다. 1960년 일본에서 컬러 텔레비전 방송이 개시되었고 도쿠지 회사는 일본 최초 컬러 텔레비전을 개발해 판매했다. 1962년에는 전자레인지를 발매했다. 1964년에는 세계 최초의 트랜지스터

전자계산기를 발표했다. 도쿠지는 회사명을 샤프로 바꾸고 세계적인 LCD기업의 토대를 놓기 시작했다.

하야카와 도쿠지가 좌우명으로 삼은 것은 세 가지 즐거움 즉 '작은 욕심, 작은 봉사, 작은 기쁨'이었다는 점을 유념해야 한다. 그가 거창한 구호와 허영에 넘친 기획을 추진하였다면 그의 삶은 다른 길을 걸었을 것이다. 그가 살았던 시대는 경제적 어려움이 매우 많았다. 그는 몇 번의 좌절에도 축적된 자금, 축적된 기술, 끊임없는 배움에서 얻은 아이디어를 통해 개척해나갔다. 그가 죽은 후 일본의 샤프는 맥없이 비틀거렸다. 후계자들이 난국을 극복할 정신력과 실력이 부족했다는 증거였다. 끊임없이 학습하지 않으면 희망이 없다.

필자가 하야카와 도쿠지의 '작은 욕심, 작은 봉사, 작은 기쁨'을 중시하는 이유가 있다. 학습의 길에서 계속 걷고자 하는 사람은 거창한 욕심, 거창한 봉사, 큰 기쁨을 추구하려는 사람이 아니다. 그런 사람은 몰락 가능성이 매우 크다. 삶의 지혜를 계속 유지하는 학습의 길은 소박한 삶을 고수하는 것이다.

다빈치의 위대함은 직관과 영감

다빈치는 1452년 태어났다. 다빈치는 기초적인 교육을 받았고 양손잡이였다. 사생아라는 신분 때문에 진출 할 수 있는 분야가 많지 않았다. 그는 스승과 함께 그림을 그렸는데 스승 베르키오는 제자의 솜씨에 충격을 받아 다시는 그림을 그리지 않았다고 한다. 레오나르도 다빈치의 조각은 한 점도 전해지지 않고 그림도 그의 이름으로 전하는 것은 15점 정도라고 한다.

다빈치는 남색 혐의로 기소되었다가 무혐의로 풀려나 1478년 독자적인 예술작업을 의뢰받았다. 피렌체의 성당 제대 장식을 만드는 일이었다. 1482년 로렌초 데 메디치가 다빈치에게 밀라노로 갈 심부름을 부탁하자 다빈치는 이를 기회로 생각하고 응했다. 다빈치의 놀랄 만큼 정확하고 상세한 연구는 30구가 넘는 시체를 해부해 얻은 결과라고 한다. 그는 식물과 동물에 대해 깊이 연구했다. 다빈치의 관심사에는 천문학, 수학, 지리, 지형학, 하늘을 나는 가능성, 톱니바퀴 등이 포함되어 있었다.

다빈치는 1495년 '최후의 만찬' 벽화를 그려달라는 부탁을 받았고 그림은 1498년 완성되었다. 그 작품에는 색채와 원근법과 해부학적 구조, 건축에 대한 그의 전문지식이 드러나 있다. 그는 '최후의 만찬'을 완성하고 저명한 수학자 루카 파치올리 밑에서 산수와 기하를 공부하고 있었다.

다빈치의 위대함은 직관과 영감을 인간적인 포용력으로 받아들였다는 점이다. 그는 이단자적 정신이 있어 기독교인보다 철학자의 길을 택했다. 다빈치 재능의 근원은 영감이었다. 그가 남긴 6천 페이지가 넘는 메모는 그의 왕성한 호기심과 연구에 대한 집착을 보여준다. 다빈치는 순수한 풍경화를 그린 최초의 이탈리아 화가다.

다빈치가 남긴 작품인 '비트루비우스의 인체비율'을 보면 그가 인체의 신성한 비율의 개념을 알고 있음을 보여준다. 다빈치는 나선형 무늬를 사랑하였다. 그는 밀라노에 말 동상을 세우기 위해 16년 동안 노력한 일도 있었다. 1502년 다빈치는 교황군 총사령관 체사레 보르자의 공병기술자가 되어 군사고문을 맡았다. 1503년에는 마키아벨리와 함께 아르노 강의 물길을 돌려놓는 계획을 짰다.

다빈치는 67세에 세상을 떠날 때까지 많은 고난을 겪었다. 노년 프랑스 망명 시절에는 죽기 전에 중풍으로 몸의 우반신이 마비되었다. 다빈치가 1519년 프랑스에서 사망할 당시 그의 수많은 걸작 중 단 세 점만이 남았다. '모나리자', '성안나와 성모자', '세례 요한'이 그것이다. 1516년 그는 프랑스의 프랑수아1세 초청을 받아 왕실 수석화가, 건축가, 기술자로 일했고 1519년 그곳에서 죽었다.

지혜로운 길을 찾는 것이 학습의 보람

다빈치와 동시대에 살았던 미켈란젤로 부오나로티(1475-1564)는 특출한 건축가이며 공병학자이고 서정시인이었다. 아버지 로도비코는 미켈란젤로를 13살 때 화가 도메니코에게 견습생으로 보냈다. 1년 후 미켈란젤로의 재능은 피렌체의 지배자 로렌초의 눈에 띄었다.

다빈치보다 23년 뒤에 태어난 미켈란젤로는 시스티나 성당 천장에 '천지창조'를 그렸다. 미켈란젤로의 첫 번째 걸작은 1498-1500년의 작품 '피에타'이다. 20대 청년인 그는 시대 최고의 조각가로 인정받게 되었다. 그의 작품 '다윗'은 1501-4년의 작품이다. 미켈란젤로는 "조각다운 그림일수록 더 좋은 그림이다"라고 말했다. 그는 20미터 높이 비계 위에서 선채로 일했다.

미켈란젤로의 어린 시절 친구인 조반니 데 메디치가 새 교황 레오 10세가 되었다. 1523년 레오의 사촌이며 교황 클레멘스7세가 되는 줄리오 데 메디치가 있었다. 미켈란젤로는 도서관 라우렌치아를 설계했고 1529년 피렌체 방어공사 총감독으로 임명되었는데 그의 토목 기술 때문이었다. 그는 시스티나 성당에 '최후의 심판'을 그리기도 했다.

돈을 많이 벌었지만 가난한 사람처럼

미켈란젤로는 200편에 달하는 소네트와 마드리갈, 시들을 남겼다. 80세가 다 되어 쓴 시에서 그는 자신의 예술을 겸손한 표현으로 '무의미한 허영'이었다고 술회한다. 그는 노년에 사랑의 정념을 노래한 뛰어난 가수였다. 1546년부터 미켈란젤로는 성 베드로 성당의 수석 건축가로 일했다. 그는 돈을 많이 벌었지만 가난한 사람처럼 살았다.

독자는 다빈치와 미켈란젤로 두 사람 중에서 누가 더 지혜로운 인생을 살았다고 생각하는가? 다빈치는 재능이 많았고 현대인들이 보기에도 놀라운 아이디어들을 창출했다. 그는 수천 쪽의 메모를 남겼음에도 자신의 저서를 남기지 못했다. 후대에 그의 저서라고 일컬어지는 책이 발간되었는데 남이 대신 출간해준 것이라고 한다. 다빈치는 일생 내내 돈에 쪼들렸고 돈 때문에 수많은 일들에 종사했다. 돈 때문에 고향을 떠나 프랑스의 프랑수아1세 초청을 받아 왕실 수석화가, 건축가, 기술자로 일했고 1519년 그곳에서 죽었다.

미켈란젤로는 자신의 예술적 능력이 인정받자 그것에만 전념했다. 그는 아버지를 비롯한 가족들에게 금전적 도움을 계속 주면서 삶을 평탄하게 이끌어갔다. 그의 예술 분야에서의 성공은 그에게 노년의 여유를 추가로 선사했다. 미켈란젤로는 200편에 달하는 소네트와 마드리갈, 시들을 남겼다. 80살이 다 되어 쓴 시에서 그는 자신의 예술을 '무의미한 허영'이었다고 겸손하게 술회하였다. 그는 노년에 여유 있는 상황에서 시를 쓰고 노래를 불렀는데 뛰어난 가수였다. 그는 자신의 능력에 걸맞은 보수를 받았고 많은 돈을 벌었다. 보통 사람이라면 그 많은 돈을 흥정망청 환락에 썼을지 모르지만 그는 가난한 사람처럼 검소하게 살았다. 돈을 너무 아껴 수전노처럼 안 쓰고 궁상떤 것이 아니었다. 그가 세상을 떠났을 때 그의 금고에는 백 년 이상 생활할 수 있는 돈이 쌓여 있었다.

독자는 "미켈란젤로는 지혜로운 사람이 아닙니다. 그렇게 많은 돈을 제대로 써보지도 못하고 가난한 사람처럼 살면서 무슨 행복이나 풍요가 있나요?"라고 물을지 모른다. 그러면 많은 돈을 이곳저곳 뿌리고 다니면서 환락에 젖은 생활이 행복하고 지혜로운 사람인가? 물질적 풍요에 젖어 사치와 거들먹거리는 삶을 사는 것이 지혜로운 삶인가? 돈이란 그 자체가 목적이 아니라 생활에 여유를 주어 자신의 일에 몰두할 수 있게 하는 것이 본래 기능이다. 여유 있는 사람이 부자인 것처럼 돈을 뿌리고 사는 사람보다 행복하지 않을까? 독자가 학습을 통해 정신력과 실력을 기르는 목적은 무엇인가? 진정 지혜로운 길을 찾는 것이 학습의 보람이다.

학습의 모범생 그레이엄과 피셔가 버핏을 완성

뛰어난 주식투자자 워렌 버핏은 아들에게 "명성을 쌓는 데는 20년 이상 세월이 걸리지만, 명성을 무너뜨리는 데는 채 5분도 걸리지 않는다. 어떤 상황에서도 거짓말을 하지 말아라"라고 말했다. 1930년생인 버핏은 만90세가 지났다. 그의 아버지는 하원의원을 지냈고 사업가였다. 19살에 벤저민 그레이엄의 '현명한 투자자'를 읽은 버핏은 컬럼비아대학에서 그레이엄의 강의를 들었다.

버핏의 아들 전자음악 작곡가인 막내 피터는 자기 아버지의 인기 비결을 '겸손함'에 있다고 말한다. 영국인 기업가인 제임스 골드스미스는 "나는 억만장자이면서 낡은 집에 살고, 중고 1만5천 달러의 세

비를 타고 출퇴근 하는 걸 자랑스럽게 생각하는 버핏 같은 사람을 이해할 수 없다"고 말했다. 버핏은 "나는 현실주의자이다. 나는 돈을 원하기 때문이 아니다. 돈을 버는 재미와 돈이 불어나는 것을 보는 재미 때문이다. 나는 여러 가지 사업을 어렸을 때부터 했으며 고등학교 졸업할 무렵에는 은행에 9,000달러나 되는 돈을 예금하고 있었다"라고 말한다.

2006년 미국 제2의 부자인 버핏은 게이츠 재단에 310억 달러의 주식을 기부하고, 죽은 부인의 이름을 딴 재단, 세 자녀가 운영하는 재단에 63억 달러를 기부하겠다고 발표하였다. 그는 상장기업인 버크셔 헤서웨이의 회장이다. 버핏은 "성공적인 투자란 이성적이어야 한다. 이해할 수 없으면 투자하지 말아라. 파생금융상품을 이용하는 것은 위험부담이 두 배로 높다"라고 말한다. 그는 자료와 책을 많이 읽는다. 버핏은 검약 정신을 매우 중시하며 "자기의 수입보다 적게 지출하는 것이 중요하다"고 말한다.

부자가 되는 데는 지름길이 없다

버핏은 "나는 마음에 들지 않거나 존경스럽지 않은 사람과는 교류하지 않는다. 그것이 성공의 열쇠이다. 사람을 고용할 때 성실성, 지성, 정열 이 세 가지 특성을 보아야 한다는 말을 들었는데 맞는 말이다. 나는 '열정적인가?'를 가장 중요한 항목으로 본다"라고 말한다.

버핏은 “가치가 없는 일은 잘할 필요가 없다”고 말한다.

버크셔 헤서웨이는 100년 된 회사였다. 1965년 워렌 버핏은 이 회사 주식을 처음에 7달러에 샀는데 몇 년 전 주당12만 달러에 달했다. 1956년 버핏의 순자산은 14만 달러였다. 버핏의 검약, 독립적 사고, 장기간의 가치에 초점을 두는 방식은 강력한 힘이 있다. 그는 투자를 할 때 모든 사항들을 장기간 조사한다. 버핏은 최고경영자의 탐욕에 대해 많은 비평을 해왔다. 그는 “부자가 되는 데는 지름길이 없다”고 경고한다. 투자자는 확신이 없을 때는 투자해서는 안 된다는 것이 버핏의 생각이다.

버핏의 가장 훌륭한 능력은 자신의 한계를 안다는 것이다. 그는 자신의 고유한 투자원칙을 따랐다. 버핏은 컬럼비아 대학의 비즈니스 스쿨에서 벤저민 그레이엄에게서 배웠고 그레이엄의 투자회사에서 일했다. 버핏에게 영향을 끼친 투자 천재 필립 피셔는 스탠퍼드대학의 비즈니스 스쿨 교수였고, ‘위대한 기업에 투자하라’의 저자였다.

성공자로 산 것은 학습으로 인한 지혜 때문

필립 피셔는 철저함과 몇 가지 핵심에 고도로 집중하는 실력자였다. 피셔는 성장 기업을, 그레이엄은 저평가된 기업을 선호했다. 버핏이 생각하는 훌륭한 경영자란 비용을 절감하는 데 사활을 거는 이들이다. 버핏은 끊임없이 뭔가를 읽는다. 그는 "회계처리 원칙과 기업의 회계기준을 이해하지 못하는 사람은 주식시장에 들어와서는 안 된다"고 말한다. 버핏은 자신이 이해한다고 믿는 업종에만 투자한다.

버핏은 스승인 그레이엄에 대해 말하면서 "적절한 절제심이 적절한 지성의 틀과 결합했을 때 합리적인 행동이 나온다"고 말했다. 버핏은 "주식을 매입하려는 기업에 대해 자세히 연구하는 수밖에 없다. 인간에게는 쉬운 일을 굳이 어렵게 하려는 비뚤어진 성향이 있는 것 같다"고 말한다. 그는 "우리가 이해할 수 있고 주가와 경영진이 마음에 드는 기업에만 관심을 갖는다. 잘 이해하지 못하는 일을 한다거나 누가 효과를 보았다고 하여 그대로 따라하면 실패한다"고 말한다. 그는 "위험은 자신이 무엇을 하고 있는지 모르는 데서 온다"고 말한다.

버핏은 올바른 마인드를 가진 사람들과 일해야 한다는 사실을 배웠다. 잘못된 마인드를 가진 사람들은 행동방식을 바꾸기가 매우 힘들다는 사실을 알아냈다. 그는 그레이엄이 세운 투자조합에서 일한 적이 있다. 그는 "대가 밑에서 몇 시간 동안 배운 것이 혼자 10년 동안 고심한 것보다 훨씬 더 많은 교훈을 얻을 수 있었다"고 말한다. 버핏은 "나는 어떤 스트레스도 받지 않는다"라고 말했는데 그는 철저히 자기통제 하에 움직인다.

버핏은 "나는 생각을 기억력에만 의존하기보다 종이에 적어놓을 필요가 있다고 생각한다"라고 말했다. 그는 "벤저민 그레이엄이 나를

85% 완성했고, 나머지 15%는 필립 피셔가 완성했다"고 말했다. 벤저민 그레이엄은 대단한 학습자였고 필립 피셔 역시 훌륭한 학습자였다. 두 사람을 본받은 워렌 버핏 또한 뛰어난 학습자였다. 그레이엄과 피셔와 버핏 모두 성공자로 인생을 산 것은 학습으로 인한 지혜 때문이었다.

결정적인 것은 기본적인 아이디어

팔틴은 독일 베를린자유대학교 경영학 교수로 재직하면서 1985년 직접 '테캠페인'이라는 회사를 창업해 성공을 거두였다. 그는 창업재단을 세우고 창업 전도사로 30년 이상 활동하고 있다. 팔틴은 자신의 경험담을 통해 지혜로운 삶의 한 부면을 소개하고 있다. 2008년부터 세계 경제위기는 진행 중이다. 대안은 창업과 중소기업 혁신이었다.

그에 의하면, 좋은 창업은 창업정신과 경영을 구분하고, 아이디어를 콘셉트로 발전시키고 주변 환경을 잘 활용해 창업하는 것이다. 팔틴은 "연구성과나 기술보다 아이디어를 가지고 창업해야 성공한다. 80%의 창업자가 창업5년 이내에 도산한다"고 말한다. 그는 1985년 '테캠페인'이라는 홍차 회사를 창업했다. 팔틴은 수많은 개발도상국들을 여행하였는데 그곳의 커피, 바나나, 설탕, 차의 가격이 독일에 비해 1/10정도라는 것을 알게 되었다. 중간 유통비용이 주요인이고 포장비용이 또 하나의 요인이었다. 한 상점에는 홍차만 약150종류가

진열되어 있고 차 소매상은 수백 가지의 차를 거래하고 있었다.

팔틴은 중간 유통을 없애고 차의 종류를 대폭 줄였다. 차의 가격을 저렴하게 하고 차의 종류를 몇 개로 제한했다. 모든 전문가들이 인정하는 히말라야 남쪽 '다즐링' 차가 있었다. 차의 유통기간은 3년이었다. 차를 소포장하는 것이 관습이었다. 그는 다즐링 차를 큰 봉지에 담아서 소비자들에게 싸게 파는 아이디어를 생각했다. 그는 다즐링 차의 성분조사를 시험기관에 의뢰하였고 모든 봉지에 표기했다. 고급 품질, 싼 가격, 제품성분 관리, 생산자에게 높은 수익 등을 그는 추구했다. 오늘날 테갬페인은 20만 고객을 확보하고 있고 1킬로그램 큰 봉지에 담아 판매하는 물량이 90% 이상이다. 1998년 팔틴의 회사는 세계에서 가장 큰 다즐링 수입업체가 되었다.

팔틴에 의하면, 창업에서 결정적인 것은 기본적인 아이디어가 탄탄한가 여부라고 한다. 성공의 결정적 요인은 훨씬 좋은 차를 아주 싸게 제공하는 것이었다. 그는 저렴한 가격, 좋은 서비스를 제공했고 인도 홍차위원회로부터 100% 순수한 다즐링임을 보장받는 협약을 체결했다. 그의 회사는 직원13명, 연매출액은 220만 유로를 넘어섰다. 그는 관습 대신 효용이라는 컨셉트로 사업을 생각했다. 사업 모델에서 디테일을 잘 처리하는 데 강점이 나온다. 구성요소들을 잘 활용하면 필요한 작업단계들을 생략할 수 있다. 사업 과제는 업체들을 잘 조합하는 일이다. 창업자는 자기의 생각을 중요한 것에 집중시켜야 한다.

성공에는 생각하는 머리와 끈기

좋은 아이디어는 체계적인 고민의 결과이다. 100개 이상의 성공한 창업을 연구한 미국의 교수 칼 베스터는 '체계적으로 아이디어를 개발하는 것이 창업 성공의 핵심 비결'이라는 것을 발견했다. 성공에는 생각할 줄 아는 머리와 끈기가 필요하다. 학습이 그래서 필요한 것이다. 팔턴은 "찰스 굿이어는 천연고무로 상업화를 시도하였는데 돈이 없어 도망다녔고 자녀 3명은 먹을 것이 없었다. 아들 하나는 병에 걸렸고 치료하지 못해 죽었다. 결국 굿이어도 병으로 죽었고 독일 사업가가 굿이어의 지식을 활용해서 '굿이어'사를 설립했다. 창업에는 발명가가 아니라 혁신가가 핵심역할을 하게 된다"고 말한다.

창업은 아이디어에서 시작하는데 중요한 것은 발명이나 기술의 질보다 시장의 수용이 더 핵심적이다. 특허와 신기술은 원재료일 뿐이고 시장에서 그 가치를 증명해내는 것이 중요하다. 가장 중요한 것은 콘셉트가 시장에서 강점을 보여주는 것이다. 컨셉트는 단순함과 명료함이 중요하며 리스크를 피할 수 있어야 한다.

또한, 창업은 창조성과 아이디어를 가지고 시작해야 한다. 시장에 새로 진출한 사업가는 경쟁자보다 2배 좋은 상품을 반값에 내놓을 수 있어야 한다. 리더는 여유를 가져야 하고 학습할 수 있어야 한다. 창업가는 창의적이고 생산적인 정신 무장이 필요하고, 경영은 질서, 통제, 행정능력이 필요하다. 창업은 기존에 있는 것을 새롭게 조합하는 것이다. 새로운 조합과 보다 효율적인 프로세스를 발견하는 것이 중요하다. 창업은 아이디어를 모아 실현하고 작은 조직으로 남아 발전해야 한다.

지식사회에서 자본은 사람의 머릿속에 있다. 한 분야에 전문가가 되고 경쟁자들보다 더 높은 경쟁력을 확보해야 사업 리스크가 줄어든다. 기업가는 본질적인 과업에 집중해야 한다. 학습을 통해 체계적으로 발전해야 한다. 많은 양의 아이디어를 통해 좋은 질의 아이디어를 창출해야 한다. 발견하는 것이 창업가의 핵심 특성이며 효용과 단순함을 추구해야 한다.

학습 준비가 없으면 성공할 수가 없다

팔틴은 가격을 낮게 하고 품질을 높게 하였다. 그에게 창업의 핵심은 창의성이다. 창업가는 집중력이 필요하며 끊임없이 학습해야 한다. 창업의 핵심은 남들과 다른 차이를 만들어내는 것이다. 하이테크 기술로 창업해서 성공하는 경우는 매우 힘들다. 좋은 콘셉트가 자본보다 중요하다. 창업은 슈퍼 전문화로 나아가야 한다. 팔틴은 "학습 준비가 없으면 성공할 수가 없다. 창업의 경우 고민해서 만든 좋은 컨셉트와 실행이 필요하다. 절약 정신은 중요하며 가치가 있다. 확실한 콘셉트 없이 선한 의지만으로 살아남기는 어렵다"라고 말한다.

팔틴의 경험은 독자에게 무엇을 생각하게 하는가? 많은 젊은이들이 창업 열풍에 쉽사리 창업하였다가 참패하는 경우가 비일비재하다. '참패'도 도전이라고 생각하고 계속 도전하라고 부추기는 사람들도 있다. 팔틴에게 창업은 의미 있는 것을 추구하는 것이고 창의성이다. 팔틴은 무조건 빨리 실행하라고 부추긴 것이 아니다. 그 전제조건들이 갖추어지면 그렇게 하라는 것이다. 독자가 시스템학습자라면 성공하는 방법을 선택해야 한다. "실패도 도전"이라고 무모하게 덤비는 사람은 몰락하면 다시 도전할 자원이 없다. 그래서 지혜가 필요하다.

때로는 단호한, 때로는 유연한 태도

에른스트 푀벨은 독일 최고의 뇌과학자이며 임상심리학자이고 뮌헨대학교 교수이다. 푀벨은 "지능지수가 높은 것보다 뭔가를 해낼 수 있다는 자신감을 가질 때 학업 성취도가 높다. 지식이 많다는 것과 독창적 지적 능력은 다른 것이다. 전문성을 능가하는 지식, 근본적인 지식이 필요하다. 독립적으로 사고하는 것이 계몽의 핵심이다"라고 말한다.

푀벨에 의하면, 무기력에서 벗어나는 좋은 방법은 복잡함을 줄이는 것이다. 호기심을 충족시키는 행위, 전자기기에 즉각적으로 반응하는 행위는 시간을 낭비하는 요인이다. 아마추어는 패턴을 못 보지만 프로는 패턴을 간파한다. 인간의 진정한 힘은 관점을 변화시킬 수 있는 능력에 있다.

퇴벨은 "두뇌의 가장 큰 성취는 연결할 수 있는 능력에 있다. 학문의 진정한 진보는 패러다임을 파괴하는 것이고 자신의 실수를 인정하는 것이다. 관점을 바꾸려면 자신이 그 관점을 자각할 수 있어야 한다"고 말한다. 삶의 많은 것들이 계획대로 되지 않고 만나는 사람들과 우연한 결정에 의해 좌우된다. 끊임없는 자기반성은 중요하다. 인간은 결정을 내릴 때 사실과 직관에 의거하게 된다. 비논리성은 미신의 한 형태다. 두뇌는 아주 뛰어난 적응력을 가지고 있다. 독서는 가능성을 열고 생각과 상상력을 키워주고 감정을 풍부하게 만들어준다. 학습하는 사람은 생각과 상상력, 자기반성을 하기에 지혜로운 삶을 살 수 있는 것이다.

조지메이슨대학의 심리학 교수 카시단은 "특수부대에서 인원을 선발할 때 가장 어려운 종목은 장거리달리기다. 이는 불편한 감정을 참아내는 능력을 시험하는 것이다. 정서적 고통 감내력은 행복한 삶에 매우 중요하다. 행복을 추구하기보다 부정적 감정도 다룰 줄 아는 능력이 삶의 온전함을 가져온다"라고 말한다.

안락함을 지나치게 추구하고 불편을 피하려는 심리는 스트레스를 높인다. 목표에 대한 맹목적인 충성은 위험하다. 학습하는 사람은 실패가 분명해지면 이를 극복하고자 유연성을 발휘할 수 있다. 카시단은 "긍정적 감정과 부정적 감정을 고루 받아들일 줄 아는 능력을 지닌 이들이 행복하다는 사실이다"고 말한다. 삶에서 심리적 불편함을 견딜 수 있는 것이 중요한 과제다. 행복을 지나치게 강조하면 즐거움을 얻기 어려워질 수 있다.

학습하는 사람은 때로는 단호한 태도, 때로는 유연한 태도를 보일 수 있다. 삶에서 필요한 강력한 전략과 부드러운 전략을 모두 배우면 우위를 갖추는 데 유리하다. 학습하는 인간은 새로움과 안정 양쪽 모두 감안하는 안목을 가질 수 있다는 사실이다. 지혜로운 삶은 학습에서 나온다.

05

학습이론의 실체와 학습 5원칙

학습의 5원칙 이론은 매우 중요한 것이다. 필자는 그동안 수많은 학습법 책들을 읽어왔고 학습 이론에 관한 책들도 무수히 읽어 왔다. 학습 5원칙 중에서 일부를 강조하는 학습 이론이나 학습법 책들은 종종 있었다.

학습 5원칙을 필자의 것과 같이 모두 언급한 책은 보지 못했다. 학습 5원칙을 모두 제시하는 시스템학습법은 '세계 유일의 학습법'이라고 필자는 생각한다. 필자의 개인 생각은 시스템학습법이 '세계 제일'이라고 생각하고 있으나 이를 주장하면 '논쟁'이 있을 것이다. 필자는 남과 경쟁하거나 다투는 일을 극히 꺼리는 사람이다. 그래서 '세계 제일'이라고 주장하지 않고 '세계 유일'이라고만 말하는 것이다.

세계 유일의 학습법

독자가 필자의 SR시스템학습법을 '세계 유일'이고 '세계 제일'의 학습법이라고 인정하고 실천한다면 그 열매는 매우 클 것이다. 필자가 지금까지 저술한 모든 책에 필자의 전화번호 031-398-2830과 010-3763-2830을 공개해 왔다. 이는 무엇을 의미한다고 생각하는가? 필자는 나의 생각에 확신이 있다. 시스템학습법은 수십 년간 검증하여 확신하는 이론을 바탕으로 한다. 필자가 실제 효과를 경험해 왔다는 사실이다. 사기꾼은 자기의 연락처를 숨기는 경향이 있다. 필자가 개인 전화번호 2개를 공개한 것은 필자의 진실성을 보여주는 것이다.

시스템학습법의 학습 5원칙은 다음과 같다.

- 스트레스가 없어야
- 부드러운 반복이 있어야
- 집중력이 있어야
- 경쾌한 속도가 있어야
- 변화가 있어야

요로 다케시는 도쿄대학 의학부를 졸업하고 도쿄대 의학부 교수를 역임했다. 그는 "'알고 있다'고 생각해버리는 것 자체가 큰 착각이다. 우리는 이해할 수 없는 것이 많다는 사실을 모르고 있다. 과학적 추론을 진리라고 믿는 것은 위험하다. '과학적 사실'과 '과학적 추론'은 다르다"라고 말한다. 학습 이론은 단순히 주장에 그쳐서는 안 되며 실제 효과가 나타나야 이론으로 가치가 있는 것이다.

모차르트가 처음에 음악을 작곡했을 때 "이것도 음악이냐"는 비판이 있었다. 새로운 학습 이론이 등장하면 받아들이는 것이 쉽지 않을 것이다. 실제 경험에 기초해 있는 이론적 뒷받침이 있는지 검토하고 생각해야 한다.

도쿄대학생들도 학습하는 자는 극히 소수

서울대 교수 김원중 박사에 의하면, 서울대 학생들을 대상으로 한 조사에서 "공부가 재미있다"는 사람은 1%에 불과하다고 밝혔다. 김원중 박사도 "공부는 원래 지겨운 것이고 스트레스가 많이 쌓이는 일이다"고 말한다. 이는 시스템학습법 5원칙을 실천하지 않았기 때문이다. 서울대 학생들뿐만 아니라 일본 도쿄대 학생들도 입학하기 위해 물불을 안 가리고 공부하였다. 두 대학 학생들 모두 대학에 들어온 후에는 학습에 매진하는 자들은 극히 소수라는 사실이다. 학습의 요체를 모르고 학습에 고생만 했기에 당연히 나오는 결과다.

시스템학습법은 빨리 읽을 수 있게 될 뿐만 아니라 변화가 있는 속도로 읽을 수 있어 학습의 맛을 높여준다. 읽는 속도가 늘면 그에 따라 이해력도 증진된다. 그래서 시스템학습법이 중요하다. 학습에 관한 권위 있는 저서를 쓴 모티머는 "중요한 단어를 찾아내는 일이 필요하다. 키워드, 모르는 단어를 찾아내야 한다"라고 말하는데 시스템학습법의 실례에서 독자는 그 방법을 알게 된다.

필자는 1970년대 초에 은행에 입사하여 일하던 중 '학습만이 나의 길을 개척해 줄 것임'을 확신하고 많은 시도를 해보았다. 명퇴 전에는 그동안 활용해온 시스템학습법을 학습심리학, 두뇌과학 측면에서 이론적 검토에 몰두했다. 학습 이론은 보이지 않는 정신적 작용을 다루기 때문에 막연하거나 손에 잡히지 않는 특징이 있다. 그러기에 가능하면 쉽고도 상식적인 표현으로 독자의 이해를 돕고자 한다.

학습 자체가 즐거움을 줄 수 있어야

학습은 단지 지식을 얻거나 시험을 위한 것이 아니라는 점을 유념해야 한다. 학습의 결과로 많은 지식을 얻게 되고 시험에서 좋은 성적을 얻는 것은 당연한 결과이지만 학습 자체가 즐거움을 줄 수 있어야 한다. 그렇지 않다면 단순한 "내용 없는 주장, 헛일"이고 "실천이 어려운" 허상에 불과하다.

필자의 오랜 경험으로 아는 기쁨, 진보하고 있다는 느낌은 삶에 큰 활력이 되며 정신력 향상과 실력 향상에 직접 관련이 된다. 이러한 효과를 심리학자 브루너는 "내발적 동기부여"라고 말했다. 내발적 동기부여는 지적 호기심에서 나온다.

학습이론 첫째: 스트레스가 없어야

스트레스가 있게 되면 생성되는 코르티솔이 해마의 뇌 세포를 변성

시킨다고 한다. 유전학자들의 연구에 의하면, 우리는 유전자의 약 1.5%만을 발현한다. 나머지 98.5%는 유전정보를 가지고 있는 않은 DNA라는 것이다. 그것이 어떤 기능을 하는지 학자들은 아직 모르고 있다고 한다. 변화는 대부분의 사람들에게 불편함을 느끼게 한다. 전두엽이 손상되면 학습하지 못하고 새로운 정보를 기억하지 못한다. 자신을 치유하기 위한 첫 단계는 자신에게 문제가 있다는 사실을 자각하는 것이다.

'플레이, 즐거움의 발견'의 저자 브라운은 캘리포니아대학교 교수로 "놀이는 창의성과 혁신의 핵심이다. 우리는 놀이를 통해 성취감을 얻고 창의적으로 성장한다"라고 말한다. 네덜란드의 역사가 요한 하위징어는 '호모 루덴스'에서 "놀이는 평범한 삶 바깥으로 벗어나는 자유로운 활동이다"라고 말했다. 브라운은 "인간은 놀이 충동이 있다. 평생 배움을 계속하는 사람들은 질병에도 덜 걸린다"고 말한다.

브라운에 의하면, 놀이는 학습 효과를 향상시킨다. 일과 놀이의 공통점은 '창의성'이다. 어떤 문제이든 별 거 아니라고 생각하는 자세는 성공에 중요한 요소가 될 수 있다. 일을 게임으로 보기 시작하면 여러 가지 요령을 활용할 수 있다. 노벨상 수상자인 리처드 파인만은 어떤 아이디어에 대하여 "머리털 나고 그런 웃기는 소리는 처음 들어봅니다. 하지만 그것이 진실일 수도 있을 겁니다"고 말했다. 파인먼의 유머감이 그의 업적에 큰 역할을 했다고 한다. 예술의 거장은 일과 놀이, 여

가와 노동을 거의 구분하지 않는다는 사실이다. 필자가 학습을 작업이 아니라 '게임'이라고 강조하는 것이 바로 이러한 이유 때문이다.

학습은 작업이 아니라 게임

'기억혁명 학습혁명'을 저술한 독일의 프레데릭 페스터는 스트레스가 학습에 얼마나 큰 장애를 미치는지 잘 알려주고 있다. 페스터는 "스트레스를 받으면 기억 회생에 지장을 받는다. 스트레스는 학습도 방해한다. 새로운 학습내용이 친숙하고 만족스러운 정보들과 결합되면 학습에 도움이 된다. 요컨대 학습 내용이 낯설고, 잘 모르고, 적대적일 때 학습과 기억을 방해한다"라고 말한다.

페스터에 의하면, 스트레스와 근심은 기억력에 장해 요인이다. 성취동기가 크고 일에 중독된 완벽주의자들은 스트레스가 높다. 정신적 활동을 많이 하면 할수록 알츠하이머병을 비켜갈 수 있다는 사실이 최근의 연구에서 속속 드러나고 있다. 70세가 넘은 뇌에서도 끊임없이 새로운 신경세포가 만들어지고 있다는 사실이 확인되었다.

잠깐!

제프 올슨은 뉴멕시코대학을 수석으로 졸업하고 자기계발 트레이닝회사인 더피플네트워크를 설립하여 활동하고 있는데 "작은 차이가 삶에서 큰 차이로 나타나는 현상을 목격하였다"고 말한다. 올슨은 '슬라이트 엣지'라는 저서를 발표했다. 그는 슬라이트 엣지를 '간발의 차이의 우세함'으로 정의한다.

올슨은 "성공은 99%의 사람들이 하지 않는 그것을 하는 것이다. 한마디로 단순함이다. '작은 미덕' 혹은 '성공 습관'으로 불리는 작은 일을 되풀이하는 것이다"고 말한다. 그에 의하면, 어떤 활동을 지속하게 하는 것은 행동 이면의 보이지 않는 자세이기 때문이다. 성공은 가치 있는 이상의 점진적 실현이다. 핵심은 반복해서 실천하는 것이다. 꾸준히 실천하는 것만이 성공의 핵심이다.

올슨은 "성공하는 사람은 5%, 실패하는 사람은 95%이다. 의지만으로는 되지 않는다. 좋은 선택을 하고 바르게 행동하는 것은 매우 쉽다. 그렇게 하지 않는 것도 매우 쉽다"라고 말한다. 올슨에 의하면, 에이브라함 링컨은 "나무를 베는 데 6시간이 주어진다면 도끼를 가는 데 4시간, 실제 나무를 베는 데 2시간을 사용할 것"이라고 말했다고 한다. 끊임없이 배우는 것이 슬라이트 엣지의 달인의 되는 핵심 요소이다. 공자는 "실천 없는 지식은 쓸모가 없다"라고 말했다. 인간행동의 99%는 자동운행 중이다. 습관을 만들어야 한다.

스탠퍼드대학 교수이며 상담심리학의 권위자인 존 크럼볼츠는 "성공이란 작은 행동들로부터 시작된다는 사실이다.

완벽하고 정교하게 도자기를 만들려는 학생들은 작업량이 적었고 실력도 나아지지 않았다. 성공하는 이들의 절대 원칙은 '재빨리 행동에 뛰어들기'라는 사실이다"라고 말한다.

크럼볼츠에 의하면, 발전과 향상에는 '배움'에 초점을 두는 것이 중요하다. 성공한 사람들의 공통된 특징은 '열정과 인내'였고, 작게 생각하고 매일 꾸준히 하는 것에 있다. 요컨대, 책을 읽고 새로운 생각, 새로운 행동을 하라는 것이다.

학습이론 둘째: 부드러운 반복이 있어야

일본 도호쿠대학교 교수 의학박사 가와시마 류타는 "머리가 좋다는 것은 첫째, 지식의 양 둘째, 그 지식을 능숙하게 활용하는 것 두 가지이다. 계산은 기억력을 연마하고 창의력을 높이는 효과가 있다. 인간의 뇌는 읽기, 쓰기, 계산이라는 기초 훈련을 통해 연마된다"고 말한다.

류타에 의하면, TV에 계속 노출시키는 것은 치매에 도움은커녕 악영향을 준다. TV를 볼 때는 뇌혈류의 움직임이 거의 없다는 것이다. 컴퓨터게임이나 IT기기를 사용할 때도 TV시청과 마찬가지이다. 항상 변화를 주는 생활이 뇌를 활성화시킬 수 있다. 뇌에 가장 큰 영향을 주는 것은 스트레스이다.

UCLA의과대학의 임상심리학자 로버트 마우어는 심리학자로 22년 일해 왔다. 마우어는 "성공하는 사람들은 삶을 향상시키는 단순한 원칙들을 적용했다. 아주 부드럽게 한 걸음씩 나아가는 것이 변화를 성공시킬 수 있다. 큰 변화를 추구하지 말고 당장 개선할 수 있는 수백 가지의 작은 일부터 찾아야 한다"라고 말한다.

최고의 방법은 첫발부터 떼고 보는 것

마우어에 의하면, 작은 한 걸음은 두려움을 줄여주고 한 걸음씩 나아갈 수 있게 한다. 우리 마음과 정신을 재프로그래밍하려면 시간이 필요하고 끊임없이 반복해야 한다. 변화시키는 최고의 방법은 첫발부터 떼고 보는 것이다. 두뇌는 상상으로 하는 것과 실제로 하는 것을 구분하지 못한다는 것이다.

시스템학습법에서 "이해하든 말든, 외워지든 말든 나아가라"고 하는 것은 깊은 심리학적 이론에 근거한 것이다. 마우어는 "하루에 치아 하나에만 치실을 사용하게 하였더니 치아 전부에 치실 사용이 습관화되었다는 사례가 있다. 1분 정도 걷게 하면 매주 1분씩 그 시간을 늘릴 수 있었다. 첫 단계를 즐겁게 해낼 수 있었다면 다음 단계로 넘어갈 수 있다"라고 말한다.

캘리포니아 대학원의 전정재 박사는 학습에 관한 연구로 한국인들에게 널리 알려져 있다. 전정재 박사는 "모르는 단어라도 문장에서 최소 7번 이상을 접해 보면 그 단어의 뜻을 조금씩 알게 되고 8번째부터는 점점 더 알게 된다. 주위의 문맥에 의해 그 뜻을 짐작할 수 있고 여러 번 되풀이한 단어는 자신도 모르게 알게 된다"라고 말한다.

전정재 박사에 의하면, 모르는 단어라도 읽는 책 내용에서 80% 정도만 단어를 알면 나머지는 그냥 읽어도 그 문장의 뜻이 무엇인가를 짐작으로 알 수 있다. 핵심어를 찾아내고 주제문장, 마지막 문장, 처음에 나오는 문장을 잘 읽으면 상당한 내용을 파악하게 되어 많은 시간이 절약된다.

재래식 학습법은 학습하는 것이 너무 힘들어 한 번 완독하는 것도 잘 이루어지지 않는다. 하지만, 시스템학습법은 게임하듯 전진하므로 매우 편하고 쉽게 완독이 가능하다. 이러한 과정이 1단계, 2단계, 3단계에 걸치면서 10회의 학습이 이루어지면 놀라운 학습결과로 이어지는 것이다.

공부에도 지름길이 있다

전정재 박사는 "공부는 노력한다고 또 머리만 좋다고 되는 것이 아니다. 공부에도 지름길(학습법)이 있다. 쉬운 책을 많이 읽을수록 독서에 취미 붙이는 데도 도움이 되지만 아이의 어휘실력도 아주 탄탄해진다"라고 말한다. 핵심어 또는 기능어를 찾아내고 주제문장, 마지막 문장, 처음에 나오는 문장을 잘 읽으면 상당한 내용을 파악하게 되어 많은 시간이 절약되는 것이다.

학습심리학자들에 의하면, 같은 책을 자꾸 반복해 읽혀야 한다. 독서에서 글 내용의 요점을 빨리 찾아내는 일 즉 기능어만 재빨리 골라내는 능력이 중요하다.

잠깐!

'실용지능'의 저자 로버트 스턴버그 교수는 터프츠대학 인문학장이다. 미국에서 연구활동을 가장 왕성하게 펴고 있는 심리학자인 그는 실용지능의 가치를 주장한다. 스턴버그는 "전문적 기술은 지식에 바탕을 두고 있다. 체스 선수가 되려면 3,000시간가량의 플레이가 필요하고, 체스 마스터가 되려면 30,000시간가량의 플레이가 필요하다고 추산되었다"라고 말한다.

스턴버그에 의하면, 노벨생리의학상을 받은 로저 스페리는 언어적 기능은 주로 두뇌 왼쪽 반구에서, 자극을 전체적으로 처리하는 것은 오른쪽 반구에서 담당한다는 것을 주장하였다. 실용지능은 세 가지 능력 즉 분석적 능력, 창의적 능력, 실용적 능력을 말한다. 시스템학습법을 통해 많은 학습을 하는 것은 단순히 많은 지식을 위한 것이 아니다. 학습은 현실에서 실제 활용할 수 있고 그것이 독자의 실제

생활에 도움이 되는 원동력이 되어야 한다. 쉽게 말해서 "실생활에 도움이 되는 학습, 먹고 사는데 활용할 수 있는 지혜"를 얻고자 하는 것이다.

기억은 인상의 깊이

독일 에빙하우스는 "우리가 보유하는 정보의 양은 그것을 습득하는 데 걸린 학습 시간의 양에 달려 있다. 기억은 인상의 깊이에 달려 있다. 인상의 깊이는 학습에서 목록이 반복 제시된 횟수에 비례된다. 의미가 충만한 단어들은 기억이 오래 지속된다. 학습을 반복함에 따라 절약률이 증가되어 학습시간이 줄어든다"라고 주장했다. 에빙하우스에 의하면, 반복 학습된 모든 친숙한 단어들은 의미가 충분하다.

게슈탈트 심리학자 막스 베르트하이머는 게슈탈트(형태)가 기억에 지속되는 효과를 연구하였다. 그는 "사전 경험이 좋은 게슈탈트를 결정하는 데 중요한 역할을 한다. 잘 알고 의미 있는 형태가 낯설고 의미 없는 형태보다 좋은 게슈탈트가 되는 경향이 있다"라고 말했다. 형태 이론의 선구자인 막스 베르트하이머는 학습은 자신이 이제 정말로 이해한다는 느낌을 가지고 있을 때 갑자기 일어난다고 말한다. 이러한 효과를 얻으려면 시간을 분산하여 학습이 반복하여 이루어질 때 좋은 게슈탈트로 이어지게 되는 것이다. 시스템학습법에서 1단계에서 3회, 2단계 2회, 3단계 5회 도합 10회의 학습을 반복하는 것은 시간과 에너지를 허비하는 것이 아니다. 엄연한 학습이론에 기초한 과학적 방법임을 유념해야 한다.

교육학자 쟝 피아제의 스키마 이론은 명성을 얻었다. 스키마는 기존 지식의 체계화된 것을 말한다. 학습이 반복되면 새로운 지식이 기존의 지식체계인 스키마에 서서히 그리고 원활한 연합이 이루어지게 할 수 있다는 것이다. 요컨대 반복학습이 필요하다는 것이다.

시간상 분산된 학습

에스테스 하버드대 교수는 '일련의 시간상 분산된 학습'을 강조했다. 에스테스 는 회복과 망각을 감안할 때 일련의 분산된 학습을 강조한다. 따라서 벼락공부나 단번에 이루려는 학습에 문제가 있음을 암시한다. 에스테스의 이론은 학습은 시간적으로 분산되어 반복될 때 가장 효과적이라는 것이며 이는 다른 많은 교육자들과 같은 입장이다. 시스템학습법은 1단계, 2단계, 3단계에 걸치는 분산학습이 이루어져 효과를 발생하는 것이다.

잠깐 !

스탠퍼드대학 교수 크럼볼츠는 "성공하는 사람은 본질적인 것을 찾고, 완벽을 추구하지 않고 일관성을 지키며 신뢰와 용기를 갖는다. 그는 목표에 집중하고 매일 수정하면서 조금씩 나아간다"고 말한다. 그에 의하면, 가구업체 이케아는 단순하게 일한 덕분에 엄청난 혁신을 이루었다. 꼼꼼하게 계획을 수립하는 것은 완벽형 인간의 도피행동일 뿐이다. 성공한 사람들은 단순하고 가이드라인만을 제시한다. 완벽한 인간이 되기 위한 분주함과 성급함은 큰 위험이다.

스탠퍼드 대학의 아트킨슨, 쉬프린 교수의 학습 모형이 있다. 이 모형은 기억을 세 개의 저장소로 분류한다. 첫 저장에서 다음 저장소인 단기저장으로 이어서 장기저장으로 이전되기 위해서는 그것들은 시연 즉 반복되어야만 한다. 이는 첫 기억장소에서 둘째, 셋째 기억장소로 이동하려면 반복 학습해야 한다는 연구결과를 보여주는 것이다.

의미있는 학습이든 기계적 학습이든 반복

학습심리학자 넬슨은 "기계적 시연도 결국 기억에 도움이 되며 처리의 깊이가 증가하는 것만이 절대적인 기준은 아니다"는 연구결과를 보고했다. 이는 의미 있는 학습이든 기계적 학습이든 반복이 기억을 돕는다는 것을 증명한 것이었다. 회상 검사의 유형과 처리 수준에 불구하고 반복이 기억을 돕고 있다는 것이 증명되었다.

도날드 헵 교수는 "계속되거나 반복되는 학습 활동은 뇌 속에 영구적이고 구조적인 변화를 점진적으로 유발시킨다"고 말한다. 그는 "두뇌의 단기저장은 그 정보를 복사하는 과정을 통해서 일시적인 것으로부터 영구적인 형태로 정보를 전환시킨다"라고 말한다.

헵에 의하면, 단기저장 내에서의 반복 학습은 단기저장 흔적의 강도를 지속시켜 그 항목을 기억시켜주는 '시연' 즉 반복이다. 시스템학습법에서 단번의 학습으로 끝내지 않고 3단계에 걸쳐 이루어지기에 효과가 있는 것이다.

과잉학습

과잉학습은 충분한 학습이 이루어진 이후에 이루어지는 학습이다. 과잉학습의 효과가 증명되었듯이, 완전학습을 초과하는 반복 학습은 과잉학습으로 기억을 강화시킨다. 과잉학습은 시험을 위해 공부하는 모든 학생이 실제로 활용할 수 있는 것이다. 스트레스가 밀려오는 상황에서도 과잉학습이 되어 있는 경우는 정보의 회상이 원활하게 되어 시험에서 실력을 제대로 발휘할 수 있다. 어려운 국가고시, 자격시험 등에서 시스템학습법은 과잉학습을 통해 실력을 놀랍게 나타낸다.

학습에서 반복의 중요성은 수많은 세계적인 학습심리학자들에 의해 되풀이하여 그 효과가 입증되었다. 시스템학습법은 단순한 반복이 아니라 이해하거나 외우려고 악을 쓰지 말고 그저 편안하게 부드럽게 반추하는 것이다.

잠깐 !

심리학자 리처드 와이즈먼은 브레인스토밍보다는 "혼자 조용히 생각하라"고 권장한다. 창조이론의 대가로 꼽히는 테레사 아미빌 하버드대학 교수는 창조적 인재의 조건으로 '체계적인 전문적인 지식'을 제시한다. 독서는 뉴턴과 아인슈타인에게 창의성을 자극하는 중요한 도구였다. 다양한 분야의 책을 많은 읽은 사람이 같은 문제라도 여러 각도에서 살펴보게 된다. 이는 유연하게 사고하는 능력을 기를 수 있는 것이다.

강도 이론, 다중흔적 이론

강도 이론은 한 항목의 여러 번의 제시가 그 항목의 단일 표상에 강도를 더하게 된다고 주장한다. 쉽게 말하면 망치로 못을 한 번 쳐서 박는 것보다 두 번, 세 번 쳐서 박으면 강도가 더해져 깊게 박힌다는 것이다. 다중흔적 이론은 한 부면만이 아니라 여러 부면을 인식하면 '다중'으로 인상이 남아 기억이 더 강하게 남는다는 것이다. 이는 학습이 반복되면 이전과 다른 인상이 이루어지기 때문에 두뇌에 다중으로 기억된다는 것이다.

여러 번 반복해서 학습이 이루어지면 기억의 강도가 강해지고, 다중흔적이 형성되어 결국은 학습한 내용에 대한 암기력이 매우 높아지게 된다. 재래식 학습법은 한 번도 힘들고 지겨워 몇 번 더 반복해서 학습하기는 매우 어려웠다는 것이 큰 문제였다. 시스템학습법은 그렇지 않다는 것을 독자는 이해해야 한다. 게임하듯 학습을 반복해 즐기는 것이 시스템학습법이다.

학습심리학자 멜튼은 학습의 효과가 여러 번 이루어진 후에 서서히 나타나는 현상을 '지연효과'라고 명명했다. 기존에 단번에 효과를 기대하는 학습은 이론상으로나 실제상으로 현실성과 과학적 근거에서 극히 허약한 학습이다. 1단계에서 3회, 2단계에서 2회, 3단계 5회 도합 10회의 학습은 재래식 학습법으로 3회하는 것보다 빠르다. 그 학습효과는 훨씬 더 높다. 지연효과가 나타나기 때문이다. 멜튼의 지연효과는 시스템학습법의 효과를 매우 극명하게 입증하는 것이다.

잠깐!

하버드대학교 심리학과 교수 앨렌 랭거는 반복의 결과로 자동반응이 생긴다는 점을 입증했다. 랭거는 이혼연구에서, 실패를 전 배우자 탓으로 돌리는 사람은 더 오래 고통을 겪는다는 사실을 발견했다. 랭거는 저서 '마음챙김'에서 "새로운 정보에 개방적인 사람은 성인기에 뇌를 발달시킬 수 있다. 정신작용은 실제 뇌 조직을 성장시킬 수 있다. 열린 마음을 가지고 있는 사람은 작업을 조정하고 재평가할 것이다"라고 말한다. 랭거에 의하면, 손 하나 까딱할 수 없을 만큼 녹초가 되어 있던 한 학생은 친구가 농구를 하자고 제안하자 벌떡 일어나 네 시간 동안 농구를 하러 나갔다.

학습심리학자 왓슨은 학습에 관한 두 원리로서 빈도와 최신성을 제시한다. 빈도는 자극에 대해 어떤 반응이 더 빈번할수록 반응 가능성이 더 많음을 뜻한다. 최신성(신근성)원리는 제시된 자극이 최근에 한 것일수록 반응 가능성이 높음을 뜻한다. 반응이란 기억하는 것이다.

회상 '무엇이 항목인가?', 재인 '이것이 항목인가?'

왓슨은 "피험자들이 그것들에 대해 반응할 때마다 그 항목은 빈도 단위를 획득하게 된다. 항목이 더 많은 빈도 단위를 획득하면 할수록, 피험자들은 그 항목을 맞는 것으로 명명할 가능성이 더 커지는 것이다"라고 말했다. 왓슨에 의하면, 빈도 단위들을 가산하는 가장 중요한 것은 시연 즉 반복이다. 시연 즉 반복은 기억하는 확률을 증가시킨다.

기억에서 회상은 '무엇이 항목인가?'를 묻게 되고, 재인은 '이것이 항목인가?'를 묻는다. 재인은 일반적으로 회상보다 우월하다.

학습이론 셋째: 집중력이 있어야

집중력과 최고의 성과 사이에는 밀접한 관계가 있다. 일에 더 집중할수록 잠재력을 더 효과적으로 발휘할 수 있다. 내적 집중이 부족하면 쉽게 당황하고, 다른 사람들에 대한 집중이 부족하면 분위기에 휩쓸려 중요 단서를 알아차리지 못한다. 외적 집중력이 부족하면 전체를 보지 못한다.

디지털 활동은 사람들과 접촉하는 시간을 희생시킨다. 인터넷 중독은 건강 악화와 사회적 고립을 초래할 수 있다. 집중하지 못하고 이메일이나 페이스북 등을 확인하려는 충동은 주의력 결핍증으로 정보의 풍요가 원인일 수 있다.

집중 위해 선택적 주의가 필요

집중하기 위해서는 선택적 주의가 필요하다. 집중력이 높은 사람은 감정적 혼란을 잘 다스릴 수 있다. 학습은 집중력이 높은 상태에서 효과적으로 이루어진다. 실행주의는 하나에만 집중하고 다른 것들을 무시하는 능력이며 자기관리에 대한 열쇠를 쥐고 있다.

마시멜로의 유혹을 이겨낸 아이들은 보다 높은 점수를 받았다. 자기통제력이 높았던 아이들은 성인이 된 이후에 더 잘 살고 있는 것으로 드러났다. 하나에 집중하고 나머지를 외면하는 능력은 의지력의 핵심 요인이다. 심각한 비만 현상의 한 가지 원인은 주의가 산만해질 때 당분과 지방 성분이 높은 음식을 찾게 되는 취약성이다. 충동을 억제하는 인지통제는 행복한 삶의 전조다.

두뇌에는 감정을 차단함으로써 집중력을 강화하는 부위가 있다. 결국 최고의 직관이란 엄청난 양의 데이터를 두뇌를 통해 걸러내는 능력이다. 1만 시간 법칙을 도출했던 플로리다대학의 심리학자 에릭슨은 "기계적인 훈련이 아니라 목표에 도달하기 위한 끊임없이 수정하는 훈련 즉 신중한 훈련이 필요하다"라고 말한다. 에릭슨은 최고의 전문가들이 완전히 집중된 상태로 꾸준히 연습했다는 사실을 발견했다.

아이들이 게임을 하는 시간과 학업 성취도 사이에는 반비례 관계가 나타났다. 집중이 최고조에 달할 때 두뇌는 가장 잘 학습하고 가장 잘 기억한다. 인지통제 속에 행복한 삶의 열쇠가 있다. 주의를 집중하지 못하는 아이들은 제대로 학습하지 못한다.

잠깐!

이 집중-분산 학습에 관해서 읽으신 독자는 분산학습에 관한 얘기만 하고, 왜 '집중'에 대해서는 별로 언급을 하지 않았는지 궁금할 것이다. '집중' 현상은 1단계, 2단계, 3단계를 거치는 과정에서 저절로 이루어지는 현상이다. 즉, 1단계에서 핵심어를 찾고 거기에 밑줄을 치는 것, 2단계에

> 서 핵심어 중에서 진짜 핵심어인 진핵어를 찾아 표시하면 저절로 시선과 주의력이 집중된다. 집중은 학습에서 매우 중요한 요소이다. 그러나 집중하려고 노력한다고 이루어지기는 어렵다. 시스템학습법은 의지나 억지로 학습하는 방법이 아니다. 편안하게 정해진 시스템대로만 나아가면 저절로 주의력이 집중되고 이해가 되면서 저절로 암기가 되는 학습법이다.

서울대학교 황농문 교수는 "내가 깨달은 행복의 비법은 '내가 좋아하는 일을 함으로써 행복을 추구하지 말고, 내가 해야 할 일을 좋아함으로써 행복을 추구한다'는 것이다. 해야 할 일을 즐길 줄 아는 것은 매우 중요하다"라고 말한다. 황 교수에 의하면, 자아실현은 삶에서 행복보다도 더 궁극적인 문제다.

황 교수는 "몰입은 에너지를 집중하는 것이다"고 말한다. 그에 의하면, 하버드대학교 심리학 교수인 윌리엄 제임스는 "사소한 생각이라도 두뇌의 구조를 변화시킨다"고 말했다. 문제해결에는 전문지식이 필요하다. 앞서가는 사람들은 매사에 생각을 많이 한다는 것이다. 황 교수에 의하면, 그는 아주 특별한 몰입 상태에서 연구를 진행했는데, 몰입 상태에서는 자신감이 솟구치고, 호기심이 극대화되며 지고의 즐거움이 뒤따른다는 것을 경험하였다. 몰입적 사고야말로 두뇌의 능력을 깨우는 최고의 방법이며 스스로 창조적인 인재가 되는 지름길이라는 것이다.

천재연구가 웽거 박사는 "천재는 몰입함으로써 자신에게 숨어 있는 재능을 인지하는 보통 사람일 뿐이다"고 말했다. 몰입하고 또 몰입하면 천재가 된다는 것이다. 앤더스 에릭슨 박사는 20대 초반 바이올리니스트 중 최고 수준 연주자는 누적 연습량이 1만 시간, 우수 수준은 7천5백 시간, 보통 수준은 5천 시간이었음을 발견했다.

지적 재능보다 몰입적 사고가 더 중요

황 교수는 "지적 재능보다 몰입적 사고가 더 중요한 역할을 한다. 뉴턴은 연구에 몰두할 때 밥 먹는 것을 잊어버릴 정도였다. 노벨상 수상자인 리처드 파인만은 물리학을 취미이자 일이자 오락으로 몰두하였다"고 말한다. 집중력을 가진 상태가 몰입상태임을 생각하면 매우 당연한 말임을 알 수 있다.

황 교수은 "최선의 연구 활동이란 문제가 풀릴 때까지 계속해서 생각하는 것이다. 이는 문제와 관련된 아이디어가 상당히 높은 빈도로 얻어지고 약간의 쾌감을 준다"고 말한다. 집중력을 가지라는 것이다.

'의식혁명'의 저자 데이비드 호킨스는 "전적으로 새로운 개념을 이해하는 가장 쉬운 방법은 거기에 익숙해지는 것이다. 천재들의 생활방식은 아주 간소하다. 그들은 독창성의 자원과 경제성을 중시하며 조용한 생을 즐기며 최소의 것만을 필요로 한다. 천재의 특징은 강한 집중력이다"라고 말한다. 천재의 특징이 집중력이라는 점에 유의할 필요가 있다.

밑줄 치는 것은 중요 정보를 구별하는 것

독일 세바스티안 라이트너는 '공부의 비결' 저자이다. 그는 "학습은 뇌의 활동이다. 필요한 것은 중요한 단어에 연필로 밑줄을 긋는 것이다. 밑줄을 잘 치는 것은 중요한 정보를 구별하는 것이다"라고 말했다. 시스템학습법에서 핵심어와 진핵어에 표시하면서 학습하는 과학적인 이유를 독자는 이해할 수 있을 것이다.

'기적의 뇌 사용법'의 저자 마크 티글러는 "명사 위주로 밑줄을 긋는 일이 중요하며 밑줄 그은 단어 위주로 읽는다. 빨리 읽으면 잡념이 줄어들고 집중력이 높아진다. 핵심 단어를 파악하는 것이 필요하다. 우리 뇌는 문장보다 핵심 단어 위주로 생각할 때 더 잘 기억한다. 뇌는 정보를 범주로 묶어서 분류하는 경향이 있다. 핵심 단어와 핵심 이미지 사이에 연결고리를 만드는 것은 매우 중요하다. 맥락 단서는 장에 연관된 단어이다"라고 말한다. 시스템학습법과 똑같은 주장이며 확고한 과학적 증거를 제시하고 있는 것이다. 그동안 밑줄치기를 하지 않고 학습했던 사람들은 처음에는 약간 귀찮을 수 있다. 하지만 밑줄치기의 열매는 매우 크고 값지므로 손해 볼 일은 없다.

‘집중형 인간’의 저자 고다마 미츠오는 일본 가노야체육대학 교수이다. 미츠오는 “사람은 집중하는 습관을 들여 마음의 근육인 집중력을 발달시킬 수 있다. 재계에서 성공한 사람들은 탁월한 집중력 덕분이라고 할 수 있다”고 말한다.

집중력이 필요한 것은 직관적 사고

미츠오에 의하면, 현재에 몰두할 수 있는 사람은 ‘집중력’이 있다는 증거다. 작은 실수에 마음을 쓰지 않는 것이 집중력에 중요하다. 집중력이 필요한 것은 논리적 사고보다 직관적 사고다. 최고의 자신을 발휘하는 것은 내발적 동기부여다. 그는 ‘집중력을 높이는 원칙 2가지’를 발견했다. 하나는 긴장감이고 다른 하나는 흥미가 집중력을 높인다는 것이다. 습관은 흥미와 집중으로 자동제어되는 몰두 모드다.

미츠오는 “단순함은 집중력을 강화시킨다. 책을 읽을 때 내용의 80%정도만 이해하면 된다는 가벼운 마음으로 빠른 속도로 읽는 것이 집중에 좋다”고 말한다. 시스템학습법에서 제안하는 내용과 일치되는 점이 흥미롭다.

일도 즐거운 놀이가 될 수 있다. 단순접촉효과란 자주 접하면 호감도가 높아지는 현상을 말하는데 빈도가 높은 단어일수록 호감도가 높다는 사실이다. 외우는 것은 지루하게 만든다. 학습은 그 자체가 동기부여가 될 수 있는 재미있는 활동이 되어야 한다. 지식을 개인에게 의미 있는 것으로 만들어야 한다.

그 지식이 갖고 있는 새로운 특징에 주의를 기울이면 일단 관심이 생기고 생각은 풍요로워지며 사고는 확대된다. 인간은 사물을 인식하고 분류하여 새로운 정보에 마음이 열리면 낯선 존재를 좀더 편안히 받아들인다. 고정된 시각은 생각을 멈추게 할뿐이다. 핵심어 밑줄치기와 진핵어 표시하기가 새로운 특징에 주의를 기울이는 역할을 한다.

기억의 위계

기억에서 기억의 위계라는 개념이 있다. 두뇌가 어떤 개념을 형성하면 그와 관련되는 개념들, 단어들이 핵심 개념을 중심으로 위계를 형성하여 기억, 저장된다는 것이다. 목표단어에 의해 기억이 회상된다. 목표단어에 집중하는 것은 학습 효과가 있다는 것이다. 바로 핵심어, 진핵어이다.

학습심리학자 브랜스포드의 실험이 있다. 그 실험에는 세 조건이 있었다. 첫째는 문장의 주제를 알리지 않고 제시되는 것이고, 둘째는 피험자들이 문장을 읽은 후에 그것이 옷을 세탁하는 것에 관한 것임을 말해주는 것이고, 셋째는 그들에게 문장을 읽기 전에 이러한 정보를 주는 것이다. 셋째 집단에 있는 피험자들이 다른 두 집단의 피험자들보다 두 배 이상 회상하였다. 이는 미리 정보로 주어지는 것이 기억에 효과적임을 알 수 있다. 미리 정보를 주는 것은 시스템학습법에서 핵심어를 찾는 것과 같다. 핵심어가 회상 능력을 높여주는 것은 매우 합리적이다.

스탠퍼드대학의 로렌스 박사는 '획득된 단서 특출성'을 말한다. 로렌스는 "학습에서 내용을 안다는 것은 중요한 개념의 단서 특출성을 획득한 셈이다. 변별과제를 반복적으로 실시하면 학습은 점점 더 빨라진다. 넘어갈 때마다 학습이 더 나아진다. 충분히 경험하게 되면 학습자들이 얻는 점수는 거의 완벽한 수준에 도달하게 된다. 단서특출성은 학습세트 형성의 한 단면이다"라고 말했다.

단서 특출성 있는 단어

'단서 특출성'이 있는 단어가 핵심어, 진핵어에 해당된다. 학습이 핵심어와 진핵어를 중심으로 이루어질 때 점점 빨라지고 완벽한 수준에 도달하는 것은 로렌스 박사의 말처럼 매우 자연스런 결과다.

시스템학습법에서 핵심어는 '중요 단어, 모르는 단어'이다. 중요단어를 판단하는 기준은 독자의 지식 정도, 성격, 가치관 등에 따라서 달라질 수 있다. 공통된 기준에는 책 제목, 각장 제목, 각장 소제목 등과 관련된 단어들을 대상으로 판단하는 것이 좋다. 어떤 독자는 볼드체 글, 서문, 첫 번째 단락, 그래프, 요약, 마지막 단락 등을 유념하는 경우도 있는데 고려해볼 수 있다.

실마리가 되는 선행 오거나이저

학습심리학자 오스벨은 텍스트에 앞서 실마리가 되는 정보를 '선행 오거나이저'라고 하면서, 어떤 텍스트를 받아들이기 쉽게 하는 정보를 미리 주고 지식 속에 실마리를 만들어 주는 것이 효과가 있음을 말한다. 즉, 선행 오거나이저를 주는 것이다. 학습은 선행 오거나이저를 실마리로 하여 기존 지식에 쉽게 관련 지을 수 있게 되어 새로 받은 정보의 관련을 촉진시킨다. 실험결과 모든 경우에 선행 오거나이저 즉 실마리를 받은 집단의 성적이 좋았다고 한다.

시스템학습법의 핵심어는 선행오거나이저 즉 실마리라고 할 수 있다. 이 실마리를 1단계에서 3번, 2단계에서 2번 도합 5번을 경험하기 때문에 실마리에 대한 집중력이 매우 높아진다. 그러기에 3단계 학습이 쉽게 이루어지는 것이다.

점화 효과

'점화 효과'는 노출된 목표항목을 보기 전에 그것과 '관련된 단어'를 보았다면 이들에 대한 인식이 보다 빠르고 정확하게 이루어질 것이라는 사실을 말한다. 점화 효과는 공동 연구자들인 워드, 케펠, 포스트맨, 자보르틴크 등이 연구하였다. 이들은 학습에서 사전준비가 중요함을 확인하였는데 이는 '사전준비 효과'가 있기 때문이다. 점화가 깊이 처리될수록 두 번째 단어에 대한 인식이 보다 빠르게, 보다 정확하게 이루어졌음을 발견했다. 시스템학습에서 1단계를 거쳐 2단계로 넘어가게 되면 이미 1단계에서 3회에 걸쳐 '관련 단어'인 핵심어를 보았기 때문에 점화 효과가 나타나기 시작한다. 그러므로 점화 효과에 의해 신속한 이해가 된 기반에서 빠른 학습이 이루어지며 시스템속해가 되는 것이다.

잠깐!

제레미 딘은 심리학자이다. 그는 "성형외과 전문의 맥스웰 몰츠 박사는 '사지 절단수순을 받은 환자가 신체의 중대한 변화에 적응하는 데 평균21일이 소요된다'고 주장했다. 생각하지 않고 자연스럽게 행동하는 것, 자동성이 습관의 핵심 요소이다"라고 말했다. 딘에 의하면, 특정한 목표를 위해 의도적으로 습관을 만들 수 있다는 사실이다. 반복되는 행동, 반복되는 일상은 편안함과 안도감을 불러일으킨다. 습관들을 바꾸기 위해 가장 먼저 해야 할 일은 자신의 습관적 행동을 인식하는 것이다. 작고 쉬운 습관부터 바꾸는 데 성공하면 또 하나의 습관을 바꿀 수 있다. 독자는 기존의 학습방법을 새로운 학습 원칙으로 바꾸어야 평안한 미래가 가능하다는 사실을 명심해야 한다.

학습이론 넷째: 경쾌한 속도가 있어야

학습에 관한 저서를 발표한 모티머 애들러는 "빨리 읽지 못하면 대단한 시간낭비가 된다"고 말한다. 이는 시스템학습법이 왜 빠른 학습을 하는지에 대한 단서가 된다. 학습 속도가 느리면 지루함을 느끼고 학습 효과가 낮아진다. 배우려는 학습자 자신이 지겨워하면 학습은 결실을 거의 맺지 못한다.

'가속력의 힘'의 저자 사이토 다카시는 일본 메이지대학교 교수로 "어떤 일이든 집중하고 가속하여 다음 단계로 나아갈 수 있다는 것이 성공 여부를 결정한다. 가속하는 쾌감은 자신을 고양시킨다. 나는 '80%를 채우면 OK'라는 사고방식을 가지고 있다. 100%를 목표로 하지 않는 것이다"라고 말한다.

다카시에 의하면, 완벽주의나 대작을 쓰려는 욕심을 버리는 것이 중요하다. 100%를 달성하려는 욕심은 불필요한 에너지를 지나치게 쏟아 붓는 것이며 스트레스의 원인이 된다. 천재들은 양을 늘리면서 '자동화'하는 부분을 늘려갔기에 점차 높은 질의 작품을 생산했다.

속도감에 집중

다카시는 "나는 원래 공부를 좋아하지 않았다. '향상'은 기술을 습득하는 것만이 아니라 얼마나 '자동화'하는가에 달려 있다. 반복 연습이 그래서 필요하다. 반복함으로써 뇌를 집중하는 상태로 만드는 것이 한 단계 도약하는 방법이다. 글을 쓸 때도 단숨에 쓰는 것이 좋다. 속도감에 집중하는 것이다"라고 말한다. 독자는 시스템학습법이 왜 빠른 학습으로 빠른 이해를 이루는지 이해할 수 있을 것이다.

정교화가 높다는 것

학습심리학자 왕은 "빨리 학습하는 사람들은 느린 학습자들보다 현저한 우위를 보여주었다"고 말했다. 얼마나 많이 정교화하는가의 실험에서, 왕은 빠른 학습자가 느린 학습자보다 더 많이 정교화함을 발견했다. 정교화란 지식을 질서 있고 치밀하게 두뇌에서 처리하는 것을 말한다. 정교화가 높다는 것은 지식을 우수하게 소화하였음을 의미한다.

보다 빠른 학습자의 학습결과가 느린 학습자의 것보다 더 우월하였음이 증명되었다. 시스템학습은 정교화가 높아져서 오히려 이해력을 증진시키며 기억력도 향상된다는 연구결과와 일치한다.

잠깐!

열정의 천재 음악가 볼프강 아마데우스 모차르트는 1756년에 태어나 1791년에 죽기까지 35년 생애에 600여 곡을 작곡하였는데 모차르트는 바이올린, 피아노, 오르간의 뛰어난 연주가였다. 모차르트는 그의 아버지 레오폴트 모차르트에게 1778년에 보낸 편지에서, "빠르게 연주하기가 느리게 연주하는 것보다 훨씬 쉽다는 건 다 아는 사실입니다"라고 썼다. 빠르게 연주하는 것이 경쾌하여 흥이 더 나며, 느리게 연주하는 것은 꼼꼼함이 요구된다. 느리게 연주하는 것은 단조롭고 자칫 권태감이 높아지기 때문이었을 것이다.

학습이론 다섯째: 변화가 있어야

앨렌 랭거 하버드대 심리학과 교수는 "학습에서 변화는 중요한 역할을 한다. 학습에서 새로운 변화를 경험할 때 집중력이 발휘된다. 단순접촉효과가 있는데 이는 빈도가 높은 단어일수록 호감도가 높다는 사실이다. 암기하려 하지 않고 새로운 특징에 주목하면 이해는 깊어진다"라고 말했다.

랭거에 의하면, 움직이며 그림을 공부한 학생들이 그림 앞에 가만히 앉아 공부했던 학생들보다 더 많은 것을 학습한다는 것을 알았다. 뇌의 우반구는 전반적인 집중을, 좌반구는 구체적인 집중을 관장한다. 즐거운 놀이가 되어야 열중할 수 있다. 어린이들이 놀 때에는 자연스럽게 새로움을 찾아 집중하기가 쉽다. 새로운 변화를 경험할 때 집중력을 발휘한다.

랭거는 "암기하려 하지 않고 새로운 특징에 주목하면 이해는 깊어지고 생각은 풍요로워지며 사고는 끝없이 확대된다. 이는 창조적 사고의 바탕이다"고 말한다. 시스템학습에서 왜 "이해하든 말든, 외워지는 말든"이라고 했는지 독자는 이해할 수 있는가?

변화는 단조로움을 방지

학습에서 변화는 단조로움을 방지하여 권태감과 역겨움을 발생하지 않게 하는 중요한 역할을 한다. 변화는 재미를 높여주며 스트레스 감소에도 도움이 된다. 독일의 피아니스트 발터 기제킹은 피아노를 공부하는 학생들에게 "피아노를 떠나 음악을 공부하라. 그러면 연주의 정확함이나 기능을 벗어나 음악성에 집중할 수 있다"라고 말했다. 이는 변화가 도움이 된다는 것을 지적한 것이다.

집중을 하려면 변화시켜야 가능

1898년에 심리학자 제임스 윌리엄은 "시선을 집중시킬수록 그 대상은 변화하는 것처럼 보인다"는 사실을 발견했다. 일정한 시간 동안 집중을 하려면 그 대상을 변화시켜야 가능하다는 것이다. 단조로운 것과 단순한 것은 다르다. 변화가 없는 환경에서는 집중할 수가 없다는 것이다. 집중력이란 변화하는 환경 속에서 비로소 유지된다. 변화가 없으면 주의력은 흐트러진다. 실험에 의하면, 사람들은 아무 것도 보지 않고, 듣지 않고, 만지지 못하게 하면서 며칠을 보내면 집중력이 급격히 감퇴하였다고 한다.

사람들은 새로운 변화를 원한다. 보는 각도를 약간 바꾸면 변화는 새롭고 호기심을 자극하는 것이 된다. "변화라는 것은 우리 삶의 필수적인 요소이다"라고 아나톨 프랑스는 말했다. 변화가 없으면 집중력은 떨어진다. 시스템학습법은 1단계, 2단계, 3단계로 변화하는 과정으로 되어 있다. 각 단계는 학습 방법과 학습 속도가 다르다. 단계마다 변화한다. 한 단계의 각각의 학습은 같은 방법이지만 학습속도가 다르기에 변화를 느낀다.

1단계 3회에서 매회의 학습은 속도와 방법이 약간 변화를 갖게 된다. 이는 학습 집중에 도움이 되며 3회에 걸친 단순접촉효과도 나타난다. 3회의 빈도가 되면 처음 학습하는 것보다 호감도가 높아진다. 변화를 토대로 하고 있는 시스템학습법을 실천해 나아가면 권태감 없이 저절로 학습의 달인이 되는 것이다.

시스템학습법이 학습 이론을 바탕으로 학습 5원칙에 기초하고 있다는 것은 학습 효과가 과학적으로 나타난다는 것을 보장하는 것이다.

06

시스템학습법의 실례

야마구치 마유는 일본 홋카이도 출생으로 도쿄대학교를 수석으로 졸업했고, 사법시험과 어려운 국가공무원 시험에 합격해 재무성에 근무하기도 했다. 마유가 공부한 방법이 필자가 시스템학습법을 85%정도 개발했을 때 학습하던 방법과 거의 똑같았기 때문에 놀랐다. 시스템학습법이 85% 정도였을 때 마유가 겪었던 것과 같은 상황이 그의 책에 그대로 반영되어 있어 공감했다.

100% 시스템학습법

1971년 외환은행에 고졸로 입사한 필자가 개발한 85%의 시스템학습법으로 학습하여 학사학위를 따고 여러 시험에서 좋은 결과를 낸 것이 새삼 회상된다. 지금 독자에게 제시하는 시스템학습법은 100%로 완성한 것이다. 이 100% 시스템학습법으로 학습하면 야마구치 마유가 겪었던 고충을 겪지 않고 더 나은 성과를 얻을 수 있으리라 확신한다. 곧이곧대로 실천해야 함을 명심하기 바란다.

'최고의 공부'를 저술한 미국의 켄 베인은 학습의 가치를 설득력 있게 제시하고 있다. 베인에 의하면, 배움 속에서 깊은 의미를 발견하는 학생은 문제를 해결하고 더 창의적이고 책임감 있고 자신만만하다. 심층적 학습자란 새로운 아이디어를 추구하고 더 배우고 싶은 학습 의욕을 느끼며 자부심을 갖는 학습자이다.

의미 있는 사고

켄 베인에 의하면, 최고의 학생들은 정신 능력의 성장과 호기심, 충만한 삶이라는 목표를 추구한다. 최고의 학생들은 의미 있는 사고를 하고 비판적인 사고력이 있으며 깊이 있는 학습과 높은 성적을 동시에 얻는다. 깊이 있는 배움과 창의적인 작업을 즐기는 사람들은 성장과 가치관에 관심이 있다.

학습 내용을 어떻게 되새기느냐가 큰 차이를 만든다. 학습 내용을 적극적이고 의미 있게 검토하면 더 많은 것을 기억한다. 암기보다 이해를 우선시하고 반복하는 것도 중요하다. 배우는 능력을 기른다면 창의적이고 호기심 많으며 비판적인 사고력을 갖춘 사람으로 성장한다는 것이다.

시스템학습법 기본 개념

공부가 재미있다? 1%에 불과

우리는 편하게 즐겁게 해도 천재 능력을 나타낼 수가 있는데 너무나 힘들게 공부해 왔다. 조사에 의하면 서울대학생들 중에서 공부가 재미있다는 사람은 1%에 불과하였다고 한다. 한국에만 이런 현상이 있는 것이 아니다. 야마구치 마유가 다녔던 일본 도쿄대학교에 들어가기 위해 일본 학생들은 엄청나게 공부한다고 한다. 그런 학생들도 입학하고 나면 공부를 별로 안 한다는 것이다. 그들에게 학습이 지겹기 때문이다. 이는 재래식 학습법으로는 실패한다는 증거다.

학습은 '점수 따기'를 위해서가 아니라 순수한 기쁨을 누리려는 마음이 중요하다. 어떤 분은 "그것은 너무 현실을 모르는 터무니없는 말입니다. 현실은 점수 따기가 가장 중요하고 중요한 경력이 되는 것입니다. 현실을 무시한 동키호테 같은 엉뚱한 말이 아닙니까?"라고 말할 것이다. 일리가 있는 것 같은 주장이다. 그렇게 '현실'을 중시한 사람들은 사실 스트레스의 굴레에 노예가 되었고 결국 학습의 낙오자가 되었다. 필자의 말대로 "학습을 통하여 순수한 기쁨을 누리려는" 사람들만이 편안한 삶을 살 수 있다.

시스템학습법은 1단계부터 3단계까지 단계별로 학습을 한다. 즉, 1

회 학습에 완벽하게 이해하거나 외우려 말고 편한 마음으로 나아가면 된다. 1회에 이해하거나 외울 수는 없다. 자동차가 처음에 시동이 걸리면 1단 기어에 동력이 전달된다. 성질 급한 사람이 1단 기어에서 전속력으로 가려고 가속페달을 강하게 밟으면 자동차가 아주 잘 갈까? 아니다.

순리대로, 과학적으로 운전해야 한다. 즉 1단 기어에서 서서히 2단 기어로 나아가고 진행되면서 점차 기어를 변환시켜 나아가는 것이 순리이며 성능이 제대로 나올 수 있다. 지금까지 재래식 학습자들은 1단 기어에서 전속력으로 가속페달을 밟아 당장 이해하고 외우려고 한 것이 문제였다.

'높은 점수'를 따려고만 안달하다 보니 두뇌의 기능도 엉망, 스트레스가 높아져 학습의 효과는 극히 저조하기만 했다. 시스템학습법은 과학적이다. 당장 이해하려고 당장 외우려 하지 않고 앞으로만 나아가는 것이다. 그러한 과정을 3단계에 걸쳐서 부드럽게 반복 학습하는 중에 저절로 이해되고 외워진다.

꼼꼼하게 완벽하게 하려는 마음

시스템학습법의 기본은 스트레스 없이 학습하는 것이다. 이해하려 하지 말고, 외우려 하지 말라는 것은 스트레스를 최소로 줄여준다. 이해하려 외우려 하지 않아도 어느 단계에 저절로 이해되고 저절로 외워지기 때문이다. 자동차 운행원리대로 운전하면 1단에서부터 부드럽게 기어가 변환되면서 저절로 제 속도가 나고 잘 가동되는 것이다.

꼼꼼하게 완벽하게 학습하려는 마음은 재래식 학습의 공통 습관이다. 독자 두뇌는 엄청난 능력이 있으므로 학습에 문제가 되지 않는다. 단번에 이해하고 외우려는 마음이 학습에 방해가 되는 것이다. 시스템학습법에서 실패를 가장 많이 하는 사람은 학습을 꼼꼼하게 하는 사람들이다. 필자는 그저 게임 하듯 가벼운 마음으로 학습하라고 당부한다. 스트레스를 받아가며 학습을 하니 도중 하차하게 되는 것이다.

부드러운 반복이란 연반추

부드러운 반복, 그것이 연반추이다. 학습은 작업이 아니라 게임이며 즐거움의 원천이다. 이해되든 말든 기억되든 말든 아스팔트길을 편하게 가면 목적지에 도달하는데, 왜 욕심내어 무거운 짐을 지려 하는가? 제 속도로 나아가면 오늘도 내일도 학습할 수 있는 것이다. 자신의 기존 학습방법에서 벗어나 새로운 학습법에 익숙하게 하는 데는 심리적 어려움을 극복해야 한다.

2회째 학습하면서 이해되든 외워지든 염려할 필요가 없다. 3회째 학습을 하면 1단계가 끝나면서 새로운 자신의 모습을 발견하게 된다. 얼마나 간단한가! 재래식 학습보다 훨씬 빠른 것이 시스템학습법이다. 2단계를 거쳐 3단계에 진입한 이후에는 3단계로만 학습하므로 학습 시간이 매우 적고 학습효과는 3단계에서 대부분 이루어진다. 매우 경제적이다. 이해와 암기가 3단계에서 이루어진다.

1단계는 이해하려 외우려 하지 말고 핵심어 찾기에만 집중한다. 그러면 제 속도로 학습이 나아가 주의가 집중되는 효과가 있다. 2단계는 1단계에서 찾아 놓은 핵심어들을 보면서 그 중에서 진짜 핵심어(진핵어)만을 고르며 전진한다. 3단계는 핵심어와 진핵어를 중심으로 문맥의 뜻을 음미하면서 문맥을 파악한다. 초고속단계이므로 주의가 매우 집중되고 학습효과는 3단계가 최고 높다.

시스템학습법으로 3단계까지 10회 학습하는 것이 재래식으로 1-2회 학습하는 것보다 더 빠르며 학습효과는 훨씬 높다. 3단계에서는 엄청난 속도의 학습이 이루어진다. 독자가 이 학습법에 능숙하면 인생을 편하고도 즐겁게 살게 될 것을 보장한다. 1단계에서 3회의 부드러운 반복학습, 2단계에서 2회 확실한 다지기를 한 기반으로, 3단계는 전체적인 맥락을 음미하며 초고속으로 나아가는 과정이다. 이 3단계는 매우 빠르므로 학습이 매우 경쾌하며 독자는 실력이 높아지는 것을 실감할 것이다.

속독 아니라 속해하는 것

시스템학습법은 단순히 외우는 것이나 속독하는 것이 아니다. 특히 3단계에서 이 학습법의 효과가 나타난다. 이러한 과정에서 이해하고 암기하게 되면서 학습효과가 이루어지는 것이다. 1단계는 핵심어 찾기 게임만 하면 된다. 2단계는 핵심어 중에서 진핵어만 형광펜으로 표시 또는 연필로 원을 그리는 일을 한다. 잘 따라 하는 분, 좀 못하는 분도 있겠지만, 그냥 전진만을 하면 된다.

시스템학습법은 단순히 이론이 아니라 수많은 독자들이 효과를 보고, 필자도 가장 효과적인 학습의 지름길임을 수십 년간 체험하여 왔다. 학습은 의지나 끈기로 해서는 결코 완주하지 못한다. 의지나 끈기는 점차 약해지기 때문이다. 욕심을 비우고 세월아 네월아 제대로 된 길을 편한 마음으로 걸어가면 되는데, 잘 해보려고 애를 쓰니 안 되는 것이다.

잠깐!

필자는 "학습하지 않은 다음 날은 하루 세끼 밥을 먹지 않는다"라는 원칙을 수십 년간 실천해왔다. 독자도 그럴 수 있다면 반드시 성공을 보장한다. 시스템학습법 초창기에 필자는 게으름과 핑계 등으로 어떤 날 학습을 건너뛰어 그 다음날 하루 세 끼를 굶어본 적이 있다. 정말 괴로웠다. 괴로운 스스로의 법 집행(?)의 엄격함을 겪고 난 후에 필자는 달라졌다. 학습을 못할 가능성이 있게 되면 내일 세 끼를 굶으면서 괴로워할 모습이 상상되었다. 지난 수십 년간 한 번도 굶은 날이 없었음을 볼 때 나는 하루도 학습하지 않고 지나친 날이 없었던 것이다. 학습은 인생에서 결정적인 경쟁력의 원동력인데 그저 "해도 좋고 말아도 좋고"라는 것은 절대로 안 되는 것이다. 밥보다 학습!

시스템학습법 3대 기본원리

시스템학습법은 연반추, 시스템속해, 집중-분산 학습의 3대 기본원리를 바탕으로 하고 있다. 이는 학습 이론을 기반으로 한 것이다.

연반추의 과학적 근거

연반추란 부드럽게 반추하는 것을 말한다. 학습자료를 스트레스 없이 편하게 복습하는 것으로서 반복학습의 효율을 높이는 학습법이다. 연반추 학습은 시스템학습법의 제 1단계, 제 2단계, 제 3단계의 전과정에 걸쳐 적용되는 원리다.

학습과 두뇌의 스트레스는 밀접한 관계에 있다는 것이 분명히 밝혀져 있다. 학습을 부드럽게 하는 것이 효율적 학습의 요체임을 명심해야 한다. 학습이 편하고 유쾌할 때 학습효과는 높아지게 되어 있다. 단계별로 앞으로 전진하기만 하면 어느덧 이해되고 저절로 암기가 되어 뛰어난 학습효과를 발휘하게 되는 것이다.

시스템속해의 과학적 근거

시스템속해란 속독이 아니다. 단계가 점진됨에 따라서 학습의 속도가 가속도로 빨라지며 이는 빠른 이해를 이루는 학습법이다. 재래식 학습법은 당장 이해하려고, 당장 외우려고 너무 느리게 학습하였다. 학습이 느려지면 짜증이 나며 이는 스트레스의 원인이다. 운전할 때 시속 100킬로미터로 가는 길에서 시속 10킬로미터로 계속 나아가면 기분이 좋을까? 운전자는 답답함과 스트레스가 엄청 높아지게 된다. 시스템학습법은 이해를 기반으로 하는 빠른 학습이며 이것이 시스템속해이다. 속도가 매우 빨라지면서 이해도는 더욱 높아지며 학습의 유쾌함이 증가된다. 특히 3단계에서 시스템속해의 효과를 실감하게 된다.

집중-분산학습의 과학적 근거

집중-분산 학습이란 집중력을 기반으로 하되, 단번에 다 이해하고 기억하려 하는 것이 아니라, 시간 간격을 두고 반복해 이해하고 기억하는 학습법이다. 집중-분산 학습은 1단계, 2단계, 3단계의 전과정에 적용되는 원리다.

학습 내용을 친숙한 것들로 포장해서 제공하면 스트레스 없이 받아들여 학습 효과가 높아진다. 학습자료에 부드럽게 되풀이하여 접촉해야 한다는 것이다. 공자가 말하길 "知之者는 不如好之者오, 好之者는 不如樂之者니라"라고 하였다. 학습을 열심히 하는 자는 학습을 좋아하는 자를 이기지 못하고, 학습을 좋아하는 자는 학습을 즐기는 자를 이길 수 없다. 시스템학습법은 당장 점수를 얻으려 하지 않아도 저절로 이해되고 저절로 외워져 점수는 결과적으로 좋아진다. 여러 번에 걸친 분산학습이 학습효과가 있음을 두뇌과학이 증명하고 있다.

시스템학습법의 실천

두뇌의 학습능력은 일반적으로 생각하는 것보다 훨씬 뛰어나며 그 잠재력은 나이를 초월한다는 사실이다. 미국의 세계적 학습심리학자 샤이와 그의 동료들은 21-81세를 대상으로 언어, 공간, 추리 등 세 가지 능력 테스트를 21년간 연구하였다. 사람의 언어능력은 53세까지 꾸준히 증가하여 최상의 능력상태에 이르고, 그 상태를 계속 유지하다가 65세경부터 서서히 감소한다. 외국어를 배우는 것도 언어능력이며 53세부터 65세 사이에 배우는 사람이 가장 효율이 높다. 그렇지 않다고 생각하는 사람은 그 근거와 방법을 몰라서 그렇게 생각하는 것이다.

공간능력은 46세에 최고상태에 이르고 그 이후에 유지하다가 65세 경부터 감소한다. 공간능력은 운전, 기계 작업, 운동 등에 요구되는 능력이다. 공장에서 일하시는 분은 특별히 신체적 힘을 요구하는 것이 아니면 65세까지 근무하는 것이 본인과 회사 모두에게 유익하다. 추리능력은 60세에 최고상태에 이르고 60세 이후 서서히 감소한다는 것이다. 추리 능력은 생각하는 기능으로 이지적 판단을 하는 능력이다. 정신노동을 하는 분들은 모두 해당된다. 나이가 들어도 지적 활동을 계속하는 사람들은 뇌 능력이 거의 감퇴하지 않는다. 나이 먹는 것을 걱정할 필요 없이 시스템학습을 실천하기만 하면 된다.

시스템학습법의 주요 방법

- 물 흐르는 학습
- 핵심어 밑줄치기
- 충분한 반복학습 / 3단계에 의한 학습
- 묶음으로 읽기
- 핵심학습의 원리

스트레스가 없어야

스트레스는 독약과 같이 학습을 방해하는 최대의 적이다. 스트레스는 두뇌의 사고능력을 억제한다. 독일의 프레데릭 페스터는 두뇌

능력에 대한 심도 있는 연구결과를 발표했다. 스트레스가 있게 되면 신경세포간의 개폐가 방해받아 차단될 수 있다는 것이다. 재래식 학습법의 스트레스는 기억과 생각하는 기능 즉 학습하는 기능을 방해한다.

학교수업에서 친절하고 자유스런 질문의 경우에 정답은 91%에 달했다는 연구결과가 있었다. 스트레스가 적었기 때문이다. 수업이 억압적이고 압박감을 주는 경우에 정답은 매우 저조했다. 스트레스가 높아졌기 때문이다. 시스템학습법에서 "이해되든 말든, 외워지든 말든 앞으로만 나아가라"라고 말하는 이유가 바로 이러한 것 때문이다. 학습이 편하고 유쾌할 때 학습효과는 높아지게 된다. 학습은 고생이나 작업이 아니라 정신력과 실력을 향상시켜 기쁨을 준다. 학습이 실력향상으로 이어지고 그것을 실감할 때마다 환희를 느끼게 된다.

잠깐!

스트레스를 받을 때 나타나는 증상은 사람에 따라 가지가지이고 그 원인에 따라 크기가 다르다. 한 보험회사가 남자 직장인 600명을 대상으로 한 설문조사에 따르면 응답자의 94.8%가 직장생활로 인해 스트레스를 받고 있다고 답했다.

부드러운 반복이 있어야

학습이론에서 '단순접촉효과'란 자주 접하면 호감도가 높아지는 현상을 말한다. 빈도가 높은 단어일수록 호감도가 높다는 사실이다. 이는 반복이 학습효과를 증진시키는 매우 중요한 요인임을 말하는 것이다. 암기란 지루하게 만든다.

연구결과 회상 검사의 유형과 처리 수준에 불구하고 반복이 기억지속을 돕는다는 것이 증명되었다. 심리학자 넬슨은 '기계적 시연'도 결국 기억에 도움이 된다는 증거자료를 보고했다. 그 연구결과는 회상 검사유형과 처리 수준에도 불구하고 반복이 기억을 돕고 있다는 것이다. 시스템학습법은 1단계 3회, 2단계 2회, 3단계 5회의 학습 총 10회의 반복학습으로 절대적인 기억의 우위를 확보한다.

완전습득이 된 다음에도 추가하여 학습을 하는 것을 과잉학습이라고 한다. 과잉학습은 망각률을 크게 감소시켜 기억 지속이 훨씬 더 잘 된다는 것이다. 중요한 시험을 준비할 때 필자는 과잉학습을 실행하였는데 어려운 시험에서 합격은 물론 수석으로 합격한 경험이 있다. 이 과잉학습 현상은 시험 공부하는 모든 학생이 실제로 이용할 수 있다.

시스템학습법에서 핵심어와 진핵어를 선택하는 과정이 있다. 이는 핵심어가 의미가 있는 단어, 중요한 단어들이며 그 중에서 더욱 핵심이 되는 진핵어들을 선택하는 과정을 2단계에서 거친다. 이는 친숙함과 의미 충만성을 보장한다.

반복은 학습에 반드시 필요한 요소이다. 여러 번 반복하면 차츰 쉬워지게 된다. 재래식 학습법에서는 이처럼 중요한 반복이 왜 제대로 실행될 수 없을까? 재래식 학습법은 스트레스가 많은 학습법이다. 마치 비포장 길 같아서 마찰이 많고 힘들어 독종 같은 사람이 아니면 지속하지 못한다. 시스템학습법은 아스팔트길과 같다. 이해되든 말든 외워지든 말든 부드럽게 전진하는 것이다. 쉽고 스트레스가 없어 편하게 반복 학습이 가능해 시스템학습법이 우월하다!

집중력이 있어야

집중력을 유지하기 위해서는 산만한 상황을 피해야 한다. 시각적으로 잡다한 것들이 없어야 한다. TV시청, 스마트폰, 록 음악은 주의를 산만하게 한다. 싫증은 집중의 적이다. 싫증을 느끼기 시작하면 집중력이 저하된다. 필자는 유튜브, 페이스북, 카카오톡, 트윗. 문자 메시지 등을 특별한 이유가 없으면 하지 않는다. 그래서 손해가 많다고? 이익이 훨씬 많다. 진짜 중요한 용건이 있으면 전화하면 되는데 무엇이 문제인가? 그런 것 할 시간에 학습하는 것이 훨씬 유익하고 훨씬 재미있다!

일본의 교수 이토가와 히데오는 '요점 숙어'라는 방법에 의해 빠르게 읽는다. 요점에 연필로 밑줄을 그으면서 읽는 것이다. 이 방법은 시스템학습법 1단계에서 시행하는 방법이다. 그러한 과정을 여러 번 반복하여 되풀이 읽으면 중요한 것들이 머릿속에 정리된다는 것이다. 빠른 속도로 읽는 것은 집중력이 높아지기 때문에 기억력을 높이는 효과가 있다.

위대한 작곡가 모차르트는 친구에게 보낸 편지에 "사람들은 내가 쉽게 작곡한다고 생각하지만 이건 실수라네. 단언컨대 친구여, 나만큼 작곡에 많은 시간과 생각을 바치는 사람은 없을 걸세. 유명한 작곡가의 음악 치고 내가 수십 번에 걸쳐 꼼꼼하게 연구하지 않은 작품은 하나도 없으니 말이야"라고 썼다. 모차르트는 가족에게 보내는 편지에서 "빠른 연주가 느린 연주보다 쉽다는 것은 다 아는 사실입니다"라고 밝혔다. "빠른 연주가 더 쉽다"는 것은 매우 의미 있는 말이다. 빠르면 주의가 집중되고 싫증을 느낄 겨를이 없다. 모차르트의 집중력은 대단했다. 집중력은 학습에 매우 중요하다.

현대무용의 거장으로 인정받는 트와일라 타프는 자신이 집중력을 높이는 방법을 소개했는데, "연필을 항상 소지하고 무엇인가를 메모해야 한다"라고 말했다. 타프는 자신이 창조적인 아이디어를 얻는 비결을 공개하였다. "아이디어를 긁어모으는 가장 보편적인 방법은 독서다. 독서야말로 머리가 비는 것을 막는 최선의 방법이다. 우리는 책을 읽을수록 정신적으로 강해지는 기분을 느낀다. 뭔가를 읽는다는 것은 아이디어를 창출해내는 것이다. 내가 만약 독서를 중지한다면 내 사고도 멈출 것이다"라고 말했다.

타프는 "내 최고의 걸작들이 탄생된 과정을 돌이켜보면 나는 내 정신을 산만하게 하는 요소를 모두 제거하고, 즐거움을 주는 거의 모든 것을 희생시킨다. 나는 오로지 한 가지 일에만 전념할 수 있는 격리된 방에 들어가 내 삶을 쌓아나갔다"라고 말했다. 트와일라 타프가 거장으로서 인정받은 요인은 끊임없이 학습을 지속하였다는 사실, 특히 집중력을 가지고 지속하였다는 사실이다.

소설가 필립 로스는 60대 노년에 접어들며 주목할 만한 작품들을 발표했다. 그는 "책상에 머무를 것", "다른 일에 연연해하지 말 것" 등 두 가지를 메모지에 써서 책상 근처에 붙여 놓았다. 다른 유혹을 피하라는 것이다. 엄격하고 금욕적인 생활처럼 보이지만 그는 행복감을 느끼며 전성기를 구가할 수 있었다. 창작은 학습과 같은 정신적 활동이며 집중력은 매우 중요하다. 미국의 베이커 교수는 "결과보다 과정에 정성을 기울이라"고 충고한다.

앤더스 에릭슨은 플로리다 주립대학교 심리학자로 "우수한 성과를 거둔 사람들은 자기영역에서 더 높은 수준에 도달하려고 한다. 그래서 그들은 연습과 훈련을 지루하다고 느끼지 않으며 최선을 다했다"라고 말한다. 자신의 일에 집중하여 시간을 투자하는 것은 단순하지만 매우 중요하다. 에릭슨은 최고의 골프선수 10명의 연습 습관을 연구한 후에 이렇게 결론을 내렸다. "그들은 강한 집중력을 보여주었는데, 이것은 고도의 통제력을 발휘하면서 자신을 변화시키는 능력과 연결되었다"라고 말한다. 집중력은 학습만이 아니라 모든 활동에 중요한 것이다.

유명한 첼리스트 카잘스는 "어떤 곡이든 모든 부분을 완벽하게 연주하려면, 끊임없이 개선하려는 생각을 마음속에 품고 있어야 한다. 이런 자세로 노력하다 보면 어떤 내용이든 항상 개선의 여지를 발견하게 된다"라고 말했다.

심리학 박사 탐 스태포드는 "음악이나 텔레비전 화면은 주의력을 분산시키고 집중력을 방해한다"라고 말한다. 시스템학습법에서 핵심어 밑줄치기를 하는 이유는 바로 집중력 향상에 절대적인 효과가 있기 때문이다. 밑줄치기를 하는 사람과 눈으로만 읽는 사람은 잡념이나 주의 집중력에서 큰 차이를 보인다.

조급함, 피로, 권태, 산만한 정신은 사고의 원인이 된다. 19세기 영국에서 빠른 수술 속도를 자랑했던 로버트 리스튼이라는 외과의사가 있었다. 그는 탈저병에 걸린 다리를 단 2분30초만에 절단한 적이 있는데 환자의 고환을 함께 잘랐다. 리스튼은 그보다 짧은 시간에 다리를 절단한 적이 있었는데 이 때는 조수의 손가락이 함께 잘렸다. 조급함은 실수의 원인이다. 산만한 정신은 정작 필요한 주의력을 방해해 학습의 적이다.

심리학자 다니엘 골드먼 박사는 "사람은 집중하는 습관을 들임으로써 마음의 근육인 '집중력'을 발달시킬 수 있다"라고 주장했다. 현재라는 순간에 몰두하는 것이야말로 집중력 그 자체다. 이를 재미없게 만드는 것은 일을 대하는 사람의 마음가짐이다. 아인슈타인은 "혁명적인 이치가 숨어있는 것은 항상 단순한 방정식이다"라고 말했다. 복잡하게 생각하지 않아야 집중력이 생긴다. 시스템학습법은 단순하고 단계에 따라 나아가기 때문에 집중력을 높이는 효과를 발휘한다.

잠깐 !

물체는 운동상태를 그대로 유지하려는 성질 즉 '관성의 법칙'이 있다. 관성은 '타성' 또는 습관이 된다. 늘 하던 방식을 답습하고 바꾸려 하지 않는 경향이다. "세 살 버릇이 여든까지 간다"는 속담이 그것이다. 독자가 지금까지 수년 혹은 수십 년 동안 습관화된 재래식 방법에서 벗어나 새로운 학습법인 시스템학습법으로 바꾸어 학습하려면 익숙해지는 기간이 절대로 필요하다. "재래식 방법으로는 도저히 제대로 된 학습이 불가능하다"는 판정이 내려진 이 판에 무엇이 문제인가? 올바른 새로운 습관이 될 때까지 오늘도 내일도 실천하면 달라진 자신을 발견하게 될 것이다. 겸손함과 꾸준함으로 실천하는 것만이 유일한 비결임을 명심하자!

물 흐르는 학습

시스템학습법은 편하게 학습하는 것이 대원칙이다. 편한 마음으로 부드럽게 반추한다. 핵심어를 연필로 밑줄을 치면서 진행해간다. 다시 부드럽게 복습 즉 연반추로 이행된다. 더 나아가면 두뇌 속에 저절로 새겨져 실력이 쌓여 간다.

공자는 "학습을 열심히 하는 사람은 학습을 좋아하는 사람을 당할 수 없다"고 말했다. 또한, "학습을 좋아하는 것보다 학습을 즐기는 것이 학습효과가 더욱 뛰어나다"고 말하였다. 학습은 의지로 열심히 하는 것보다는 좋아서, 즐기면서 하는 것이 더 지속력을 가진다. 학습에서 가장 큰 문제는 힘들다는 점이고, 권태와 피로 등으로 지속적인 학습이 어렵다는 점이다.

이해가 되든 기억이 되든 말든, 물이 흐르듯 진행시키는 학습이라면 편하고 쉬운 일이다. 두뇌는 엄청난 능력이 있음을 독자는 읽었을 것이다. 진행시키면서 반복학습이 이루어지면 어느 틈에 이해되고 외워진다. 자기도 모르게 성과가 생기니 학습자는 희열을 느끼게 된다. 그 희열이 학습을 즐겁게 만드는 것이다. 시스템학습법의 물 흐르는 학습은 엄청난 실력을 축적하는 지름길이다.

기존의 학습방법은 학습피로를 계속 누적시키기 때문에 학습자는 권태감이 계속 증가되어 간다. 시스템학습법의 물 흐르는 학습은 스트레스가 거의 없다. 물 흐르는 학습은 게임 하듯이 진행하므로 매우 편하고 약간 즐거움마저 느끼며 학습할 수 있다. 모든 만성피로의 90%이상은 정신적 피로, 긴장과 스트레스에서 비롯된다고 의학자들이 말한다. 기존의 학습법은 만성피로의 주범이라고 말할 수 있다. 물 흐르는 학습은 희열을 느끼는 학습이다. 게임을 하듯이 학습하는 것이다. 게임을 하는 동안 스트레스 때문에 머리를 쥐어짜지 않더라도 내용이 쏙쏙 머리에 들어온다.

핵심어 밑줄치기

전체 내용을 시시콜콜 다 알고 외운다는 것 자체가 평범한 인간은 불가능에 가깝다. 설혹 가능하더라도 책 한권 학습하려다가 세월을 다 보내고 말 것이다. 학습내용의 주된 개념, 다른 개념과의 차이점, 핵심적인 요소를 파악해야만 학습했다고 할 수 있다. 주된 개념, 핵심요소는 그것을 나타내 주는 핵심어를 파악하면 된다. 핵심어는 주로 명사 또는 동사이다. '모르는' 단어, '중요하다'고 생각되는 단어들이 핵심어다. 핵심어에 연필로 밑줄을 긋도록 하라. 첫 번째의 물 흐르는 학습이 편하게 끝나고, 두 번째 읽기로 들어간다. 첫 번째 읽을 때 눈에 띄지 않는 핵심어들이 새로 눈에 띈다. 당연히 밑줄을 긋는다.

두 번째 읽기도 마치고 세 번째 읽기로 간다. 세 번째 읽을 때 새로이 눈에 띄는 단어에 밑줄을 그으면 핵심어의 99%는 발견되어 연필로 밑줄이 그어졌을 것이다. 이처럼 쉬운 밑줄 긋기가 '고상하신 분들'에게는 너무나 힘들 수 있다. 속담에 "말 타면 마부 부리고 싶어 한다"는 말이 있다. 이 말은 쉬운 것도 노력하지 않고 더 편하게만 하려는 인간의 약점을 지적한 것이다.

연필로 핵심어에 밑줄을 긋는 것도 하기 싫어하는 사람들이 분명히 있다. 쉬운 것이라 할지라도 따라하는데 어려움을 느낄 수 있다. 필자는 여러 사람들에게 권해 보았는데 이처럼 쉬운 것을 실천하지 않는 사람들이 꽤 있었다는 사실이다. 마치 감나무의 감을 딸 생각은 하지 않고 입을 벌리고 누워있으면서 "감을 리모콘으로 조종해서 입으로 들어오게 할 수 없을까?"하고 생각하는 사람도 있을지 모른다. 독자는 학습에 많은 고생을 하신 분이라 밑줄치기 정도는 따라할 것이다.

세 번째 읽기를 물 흐르는 학습으로 끝내면 1단계가 끝난 것이다. 핵심어를 밑줄치기하는 게임은 1단계에서 끝난다. 밑줄치는 학생이, 그렇게 하지 않은 학생보다 회상점수가 높았다는 실험결과가 있다. 밑줄 그은 부분이 자극이 되어 기억에 도움이 되는 것이다. 밑줄을 그은 핵심어들을 기억함으로써 그 주변에 있는 학습내용들을 함께 지식으로 승화시킬 수 있다. 핵심어를 중심으로 기억해야 학습량을 충분히 소화할 수 있다. 핵심어에 밑줄을 긋는 그 자체가 주의력이 집중되는 효과가 있다.

충분한 반복학습/3단계에 의한 학습

처음부터 꼼꼼히 학습하려는 사람들이 대부분이다. 초등학교 때부터의 습관 때문이다. 이들은 학습이 힘들어 결국 학습을 중도 포기하게 된다. 엄청난 폐해이다. 그보다는 신속하게 여러 번 훑어보는 것이 더 효과적이다. 물 흐르는 학습은 편하면서도 속도가 훨씬 빠르다. 이러한 학습이 반복되면 어느덧 이해가 이루어져 저절로 암기가 된다. 심리학자들은 이를 '지연효과'라고 한다.

'지연효과'라고 부르는 것은 의미가 있다. 학습 효과는 당장에 얻어지는 것이 아니라, 학습이 반복되고 반복되면서 효과가 '나중에' 즉 '지연되어' 나타난다는 것이다. 시스템학습법은 과학적 원리에 순응하는 방법이다.

우리 한국인들은 '덜렁거린다, 대충대충한다'는 얘기를 듣는다. 그런데, 학습할 때는 거꾸로 처음부터 꼼꼼하게 학습하려고 한다. 재래식 학습은 초등학교에 입학할 때부터 대학졸업 때까지 중독이 된 학습방법이다. 학습을 하는 목적이 점수 따기에 있었던 것이다. 사실, 천재와 둔재는 재능의 차이가 아니라 이러한 단순한 차이에서 나온다! 재래식 학습법이 비포장 길이라면 시스템학습법은 아스팔트길이다. 비포장 길을 세 번 왕복하는 것보다 아스팔트길을 열 번 왕복하는 것이 쉽고 편하다. 결과적으로 더 빠르다. 편하니까 중도 포기가 없다.

묶음으로 읽기

우리가 독서속도를 빨리하면 집중력이 떨어지고 이해하기 힘들어질까? 우리의 두뇌는 엄청난 양의 정보를 순식간에 수용하여 처리할 수 있다. 그러므로 독서속도가 빠르다고 이해력이 떨어지는 것은 아니다. 2단계부터는 읽기가 아주 편해지고 집중력은 더욱 높아지게 된다. 밑줄이 쳐진 핵심어들과 2단계에서 형광펜 표시 또는 연필로 둥근 원으로 표시한 진핵어들을 중심으로 시선이 따라가면서 술술 나아간다. 핵심어와 진핵어를 중심으로 문장들이 덩어리로 이해되기 시작한다. 속도가 상당히 빨라졌음을 느낄 수 있다. 이제, 독자는 핵심어와 진핵어를 중심으로 문맥들을 파악하게 되는 것이다. 인간은 정보를 의미단위의 덩어리로 받아들인다. 독자는 학습내용을 묶음으로 파악하는 능력이 생긴 것이다. 독자는 시스템학습법으로 엄청난 학습능력을 갖게 되었다.

따라서 빠르게 읽는 능력은 빠르게 이해하는 속해능력으로 이어진다. 시스템학습법은 핵심어와 진핵어를 따라가면서 하는 물 흐르는 학습이기 때문에 시선의 움직임이 빨라진다.

학습에서 '묶음'으로 학습하는 것은 복잡한 정보를 하나의 '아이디어'로 통합하게 만들어 준다. 여러 단어를 하나로 통합하는 과정을 '묶음'이라 하며, 묶음은 기억능력에 극적 효과를 준다. 단어들을 친숙한 단위 즉 묶음을 통해서 학습하면 이해가 빠르며 이해도 높아진다. 시스템학습에서 시스템속해는 여러 단어를 묶음으로 전체적 문맥에 대한 신속한 이해를 바탕으로 빠른 학습이 이루어진다. 인간의 두뇌가 여러 단어를 묶음으로 파악하여 그 전체를 이해하는 능력은 매우 놀라운 것인데, 이러한 능력을 시스템속해를 통하여 제대로 발휘할 수 있는 것이다. 빨리 읽는 것은 이해를 향상시킨다. 빨리 읽지 않고 세부적인 것에 빠져 꼼짝 못하는 것은 문제가 된다.

핵심학습의 원리

시스템학습법의 가치는 핵심어를 통해서 새로 재생되는 막대한 지식이 독자를 지식사회의 주인공으로 만든다는 데에 있다. 대체로 지식은 서로 유기적으로 연결되어 있어 핵심어를 알면 나머지 내용은 관련을 통해 자동적으로 알 수 있게 된다. 다시 말하면, 핵심을 파악하면 주변의 내용들도 쉽게 파악하게 된다. 사람이란 자기실력이 늘어가는 것을 느끼면 자신감과 용기가 생긴다. 그리고 실제로 시스템학습법을 터득한 사람은 보통사람보다 몇 배 뛰어난 학습능력을 가진 인재로 변신하게 된다! 시스템학습법의 달인이 되면 대학교수나 박사들보다 더 많은 학습을 하는 사람이 된다! 필자가 대학교수들 앞에서도 주눅 들지 않고 당당하게 강의할 수 있는 이유가 여기에 있다.

시스템학습법 제 1단계

1단계는 핵심어 보물찾기 게임

이러한 보물찾기 게임을 세 번 하는 것이 1단계이다. 즉 3회의 학습을 한다. 핵심어는 '중요한 단어', '모르는 단어'를 말한다. '중요한 단어', '모르는 단어'를 고르는 데 신경이 곤두세우는 독자는 책 제목, 각 장 제목, 소제목과 관련된 단어를 '핵심어'라고 보아도 무리는 없다. 독자마다 지식 정도, 성격, 가치관이 각양각색이어서 같은 내용이라도 핵심어를 다르게 칠 수 있다. 그래도 문제가 되지 않는다. 시스템학습법에 능숙해지면 서로 비슷한 능력, 비슷한 핵심어를 밑줄치게 된다. 마치 도를 닦는 사람들 중에서 성격이 급한 분과 느긋한 분은 처음에는 성격과 수련 진도가 다르지만 상당 시간 지나면 성격도 원만하게 되고 진도도 비슷해지는 현상과 같다.

핵심어로 생각되는 단어에 연필로 밑줄치기를 하면 된다. 첫 쪽부터 마지막 쪽까지 핵심어에 밑줄치기를 하면서 끝까지 전진하기만 하면 된다. 500쪽 책이라면 1쪽부터 500쪽까지 전부 하라는 것이다. 꼼꼼하게 100쪽이나 200쪽 정도만 겨우 하면서 나아가지 못하면 안 된다. 500쪽까지 전부 보물찾기 게임을 하면 한 번 학습이 끝나는 것이다. 정말 편하게 학습해야 한다. 꼼꼼하신 분들은 좀 조심해야 한다. 이런 분들은 모든 단어가 모두 중요해서 전부 핵심어 대접을 하려는 경향이 있다. 이는 잘못된 것이다.

유·념·사·항

단어에만 밑줄치기를 해야지 문장에 밑줄치기를 하면 안 된다. 그러면 된장인지 무엇인지 분간이 되지 않아 학습 효과가 뚝 떨어지고 시스템학습이 되지 않는다.

옛날 중국의 기(杞)나라 사람이 하늘이 무너질까 걱정하느라고 기를 못 펴고 살았다고 한다. 그런 쓸데없는 걱정을 기우(杞憂)라고 한다. 사실 상당수 학습자들이 기나라 사람처럼 쓸데없는 걱정과 스트레스 때문에 학습을 괜히 힘들게 해왔다.

잠깐!

'시작이 반'이라는 말이 여기에 적용된다. 책 전체를 전부 읽었다는 것은 매우 의미있는 자신감을 독자에게 준다. 독자의 두뇌에는 한 번 읽은 내용이 한 줄로 새겨졌다. 시스템학습법은 절대로 학습을 어렵게 하거나, 힘들여 하거나, 안달하지 않는다. 고기 맛을 본 사람이 고기를 먹는 재미를 알 수 있는 것이다. 1단계의 첫 번째 학습하기를 무조건 성공하는 것만이 앞으로의 창창대로를 독자에게 약속해 줄 것이다. 까다롭거나 꼼꼼하게 학습하려 말고 편하게 전진하기만 해야 한다. 이해도 안 되고 외우지 못해도 다음에 몇 번이고 또 학습할 기회가 마련되어 있으므로 안심하라!

휴일날은 좀 쉬어도 되나요?

매일 하루에 30분 이상 반드시 학습해야 한다. 휴일날도 마찬가지이다. 학습에는 결코 휴일이 없다. 독자는 휴일에 몸만 쉬지 않고 먹고 마시는 것도 쉬는가? 학습은 "일"이 아니고 즐겁고 편한 것이다. 유태인들은 안식일을 매우 엄격히 지키는데 안식일에는 반드시 학습을 한다. 일이 아니기 때문이다. 독자도 휴일에 먹고 마신다면 학습도 쉬면 안 된다.

독자가 한번 "지나간" 내용이 기억나지 않거나, 잘 모르거나, 실력이 붙었는지 의심스럽거나 어떻든 전혀 걱정해서는 안 된다. 특히 '똑똑하신' 분들이 여기서 결정적인 과오를 범하면서 장래를 망치는 일이 허다하다.

잠깐!

오스트리아 정신의학자 빅토르 프랭클에게는 난필로 고통을 겪고 있는 사람이 있었다. 그 환자는 난필로 쓰는 고민을 해결하기 위해 치료를 받은 결과, "이제 내가 얼마나 심한 악필가인가를 여러 사람들에게 보여주어야지"라고 생각하였고, 그 환자는 자신이 악필로 쓸 수 없다는 것을 발견하게 되었다. 그는 손가락 경련이란 증세에서 헤어날 수 있었던 것이다. 말더듬 증세가 있는 사람이 프랭클에게 치료를 받은 후, 일부러 심하게 말더듬을 하려고 하는 순간,

그는 말을 더듬거릴 수가 없었다고 한다. 이는 역설적인 효과가 난 것이다. 잠을 이루지 못하는 사람은 반드시 잠을 자지 않겠다는 역설적인 의도로 대체해야 그 증세를 고칠 수 있다는 것이다. 시스템학습법이 "이해되든 말든, 외워지든 말든 앞으로 전진하라!"라고 하는 근거에는 중요한 이치가 들어있다.

두 번째 학습

자, 우리는 아직도 1단계에서 '게임'하고 있는 중이다. 처음에 하던 게임을 다시 해본다. 즉, 두 번째로 첫 쪽을 시작으로 하여 마지막 쪽까지 편안하게 진행시켜 간다.

이제 두 번째 학습하는 것이므로 처음에 학습할 때보다 조금 더 이해가 되는 것 같다고 느끼시는 분도 있고 아니면, 별로 발전이 없다고 느끼는 분도 있다. 여하튼, 아무 상관없는 일이다. 이미 독자는 성공의 반을 건너 왔다고 내가 보증하고 있다. 실력이 늘었다고 느끼는 사람이나 아니라고 느끼는 사람이나 내 말대로만 그대로 진행하면 모두 '학습 달인'의 길로 들어설 것이다. 여기서 절대로 중요한 것은, '잔꾀'를 부려 이 성공의 편한 길로 가지 않고 다른 길로 접어드는 고집 센 염소가 되지 않는 것이다.

만약 두 번째 학습하는 '보물찾기 게임'이 혹시 편하지 않다던가, 힘들다고 느끼시는 분들은 문제다. 아직도 목에 핏대를 올리거나 머리에 주름을 잡으며 스스로를 학대하고 있다면 독자는 잘못하고 있는 것이다.

잠깐!

기존의 재래식 방법으로 학습하는 사람들은 보통 두 번째 학습할 때는 상당히 이해하고 외워지기를 기대하면서 학습하기 때문에 우선 마음이 긴장된다. 그리고 무엇인가 머리속에 분명히 새겨져서 두 번의 학습의 열매가 보기 좋게 보여지기를 은연중 바라게 된다. 그러기 때문에 머리가 가뿐하지 못하고 목덜미도 긴장된다. 머리와 마음이 모두 무거워서 숨이 벌써 약간씩 힘들다. 그러나 시스템학습법에 참여하는 독자는 어떠한가? 아직도 전혀 무리가 없다. 학습 교재가 이해되든 말든 외워지든 말든 그저 앞으로 전진만 하고 있다. 편하게 나아가기만 할 뿐이다. 그래도 독자의 머리속에는 두 번째 학습한 내용이 알게 모르게 새겨지고 있다는 엄연한 사실이다. 아무런 걱정일랑 하지 말고 그저 담담히 게임하면서 앞으로만 나아가라!

세 번째 학습, 중요한 날

처음 학습을 할 때와 같이, 그리고 두 번째 학습할 때와 '똑같이' 학습 교재에서 핵심어 보물찾기를 세 번째로 시작한다. 다만, 이미 밑줄치기가 된 핵심어는 건너뛰고 밑줄이 없는 곳에서 핵심어가 있는지 없는지 빠르게 스치며 본다. 직감적으로 나오면 밑줄치기를 하고, 없으며 넘어가면 된다.

보아도 깨닫지 못하나?

좀 유식하다고 하는 혹자는 말한다. "이 프로그램은 누구나 아는 것으로서 뭐 특별한 것이 없지 않느냐?"고. 이런 말을 하는 분은 특별한 것이나 복잡한 것만이 좋은 것이라고 생각하는 사람이다. 이 답답한 분은 "진리는 그리 복잡하거나 까다로운 것이 아님"을 아직도 모르고 있다. 이 엄청난 실상을 보면서도 그런 비이성적인 말을 하고 있으니… 아인슈타인의 상대성 원리는 매우 간단하다. 그러나 그 원리의 배후에는 심오한 이치가 있다는 사실이다. 시스템학습법도 방법은 매우 간단하다. 그러나 학습심리학 근거, 두뇌과학적 근거는 매우 심오하며 놀라운 원리를 바탕으로 하고 있다는 것을 알아야 한다.

가토 마사하루는 일본 광고회사의 기획 컨설턴트이다. 그는 그의 저서에서 "한 권의 책에서 의미가 있고 중요한 부분은 단지 10% 내외라고 한다. 따라서 책을 읽을 때에는 필요한 부분을 찾아 자신의 지식으로 삼으면 된다는 점이다"라고 말하고 있다. 핵심어를 말하고 있는 것이다.

세 번째 학습하기를 마친 독자의 두뇌에는 학습 내용이 3중으로 새겨져 있으며 앞으로 도약할 수 있는 실력이 심어져 있다. 시스템학습법에서 1단계는 이해하거나 암기하는 것이 아니라 보물찾기 게임하듯 핵심어 찾기 게임을 하는 것이다. 그러므로 1단계에서는 이해가 되지 않을 것이고 더구나 암기는 이루어지지 않는다.

재·강·조·유·의·사·항

단어에만 밑줄치기를 해야지 문장에 밑줄치기를 하면 안 된다. 그러면 된장인지 무엇인지 분간이 되지 않아 학습 효과가 뚝 떨어지고 시스템학습이 되지 않는다.

learning case

학습사례

로크의 사회계약론

로크의 사회계약론은 두 가지 문제점이 있다. 첫째, 사회계약의 역사적 사실성에 관한 문제다. 곧 "상호간에 독립되고 평등한 일단의 사람들이 함께 모여 이런 방법으로 정부를 시작하고 수립하였던 실례는 역사상 어디에서도 발견되지 않는다."고 반론이 제기될 수 있다. 이에 로크는 "정부는 어느 곳에서든 간에 기록보다 앞선다."라는 말로 대답한다. 로크는 국가의 기원에 관한 역사적 설명에서 최초의 정부가 가정에서 시작되었고 처음의 지배자가 가부장적 군주였다고 보았다. 그는 "가족의 자연적인 아버지가 눈에 띄지 않는 변화를 거쳐서 또한 그들의 정치적 군주가 되었다."는 사실을 인정하였다. 그가 부정한 것은 단지 군주가 그 자격을 갖는 것이 부권에 의한 것이라는 점이다. 부권과 정치적 권력은 전혀 별개의 권력이며, 따라서 아버지가 군주로 변신하는 것은 오직 "자식들의 명시적 또는 묵시적 동의"에 의해서 일 뿐이다.

로크는 역사의 초기에 정부가 아버지인 군주 한 사람의 수중에 있었다는 사실이 자신의 주장, 곧 정치사회의 기원은 하나의 공동체를 수립하여 거기에 가입하려는 각 개인들의 동의에 의존한다는 주장을 훼손하는 것은 아니라고 강변한다. 로크의 사회계약의 관념은 "하나의 설명장치, 한 사회의 구성원들이 마치 상호 계약을 맺은 것처럼 행동하지 않고서는 그 사회가 존재할 수 없다고 말하려는 하나의 방식"이었다.

두 번째 문제는 최초의 국가 설립자들의 후손들의 지위를 어떻게 설명할 것인가 하는 것이다. 계약 이론이 처한 딜레마는, 한편으로 만일 그것이 사회의 기원을 설명하기 위한 순수한 역사이론으로 간주된다면, 뒷 세대의 권리에 대해서는 전혀 아무런 의미도 갖지 못하게 되어 정치적 의무의 설명으로는 무용지물이 되어 버리는 반면, 만일 그것을 일차적으로 정치적 의무의 분석장치로 취급한다면, 그것에서 도출되는 이론적 개인주의–누구든지간에 복종할 것을 개인적으로 직접 동의한 정부가 아니고는 복종할 의무가 없다고 주장하는–는 정부 그 자체와 양립하기 어렵게 된다는 점이다.

중세 이래 동의의 개념은 일반적으로 공동체의 유기적 연속의 관념과 결부되어, 어느 한 시기에 행해진 동의는 당대인들뿐만 아니라 동일사회의 같은 구성원으로서 그 후속 세대들도 구속하는 것으로 인식되었다. 그러나 로크의 견해에 의하면, 오늘날 사람들은 비록 어떤 국가 안에서 태어나기는 하지만, 출생 그 자체만으로는 결코 어느 국가의 시민도 되지 않는다. 그들은 자유로운 존재이며, 자유로운 인간인 그들을 한 국가의 구성원으로 만들어 주는 것은 오로지 그들의 자발적인 동의뿐이다.

그와 같은 동의는 명시적 동의와 묵시적 동의로 구분되는데 문제가 되는 것은 묵시적 동의이다. 로크는 "누구든지 어떤 정부의 영토를 어느 일부라도 소유하거나 향수하는 사람은 모두 그것으로써 묵시적 동의를 행하는 것이며, 그리고 그렇게 향수하고 있는 동안은 그 정부 밑에 있는 다른 어떤 사람들과 똑같은 정도로 그 정부의 법률에 복종할 의무가 있다."고 말한다. 또 영토의 소유나 향수가 자손에게 상속되는 영구적인 소유이든, 불과 한 주일의 체류이든, 또는 단지 공로를 자유롭게 여행하고 다니는 것에 지나지 않든 상관이 없으며,"어느 누가 그 정부의 영토 안에 있다고 하는 바로 그 사실" 자체도 묵시적 동의라고 주장하였다.

묵시적 동의만 한 사람은 그가 향수하는 토지를 "증여나 매각 또는 다른 방법으로"처분만 해 버리면, 언제든지 그 의무에서 벗어나 자유롭게 되며 그렇게 되면 그는 어느 다른 나라에 가입하여 그 일원이 될 수도, 혹은 다른 사람들과 더불어 미답의 곳에서 새로운 국가를 세울 수도 있는 것이다.
그러나 이 묵시적 동의는 그를 그 나라의 항구적인 국민, 완전한 시민으로 만들어 주지는 않으며 명시적 동의만이 사람을 한 나라의 시민으로 만들 수 있다. 이것은 그를 그 나라에 영원히 결박시킨다. 근래 많은 로크 전문가들이 동의 논의와 관련하여 곤혹스러워 하는 것은 명시적 동의에 대해서이다. 로크의 동의 논의에서 발생하는 오해와 혼란은 그가 명시적 동의와 묵시적 동의를 서로간에 본질적인 기능의 차이가 있는 것으로 성격 규정한 데서 오는 것이다. 양자는 단지 동의의 표명방식의 차이에서 구별된 것인데, 거기에 기능상의 본질적 차이를 부여할 이유가 어디에 있는가?

로크 정치사상의 전체적인 맥락에서 볼 때, 명시적 동의와 묵시적 동의가 내용상 서로 구별되는 것으로 이해되어야 할 아무런 근거가 없다. 따라서 묵시적 동의는 그 동의자에게 시민권, 완전한 성원의 자격을 부여해주지 못하며, 그것은 오직 명시적 동의로써만 가능하다는 진술은 로크 자신의 전체적 입장과 직접적으로 상충되는 것이다. 동의에 있어서 중요한 것은 무엇에 동의했는가 *하는* 동의의 내용에 놓여 있는 것이지, 그것을 어떤 방식으로 표명했는가 하는 형식에 놓여 있는 것은 아니기 때문이다.

이상의 학습예문을 어떻게 물 흐르는 학습을 적용하여 학습할 수 있는가? 핵심어를 연필로 밑줄 치면서 물 흐르는 대로 진행시킨다. 그렇게 진행시키면서 부드러운 반추(연반추)학습이 이루어지면 단계가 나아가면서 어느 틈에 머릿속에 핵심어가 새겨진다. 물 흐르는 학습의 진가가 여기에 있다. 게임을 하듯이 학습하는 것이다. 그것이 우리 두뇌가 엄청난 실력을 축적하는 지름길이다.

위의 예문은 독자에 따라 쉬운 내용일 수도 있고 아닐 수도 있다. 독자는 편하게 술술 읽어내려 가야 한다. 보통의 학습내용은 부드럽게 세 번째 읽기 시작하면 눈에 꽉 차 들어오는 것을 느낀다. 바로 연반추 효과이다. '연'이란 연시 즉 말랑말랑한 감을 말할 때의 '연'을 말하는 부드러울 연, 연할 연이다. 반추란 되새김을 의미하며 반복을 의미하는 것이다. 두뇌에는 읽은 내용이 새겨지고 있다는 사실을 알아야 한다. 우리가 외워야 한다고, 이해해야 한다고 아무리 의식적으로 노력한다고 해도 그렇게 되는 것은 아니다. 오히려, 게임을 하듯 편하고 즐기듯 읽어야 두뇌는 더 잘 돌아간다. 세 번째 읽을 때는 학습내용이 쉽게 느껴지기 시작한다.

1단계는 문맥 중에서 핵심어를 연필(샤프펜슬)로 밑줄을 쳐 나아가되 3회를 실시한다. 핵심어란 모르는 단어, 중요한 단어로 생각되는 단어이고 책 제목, 각장 제목, 각장 소제목과 관련된 단어가 해당될 수 있다. 독자마다 지식 정도, 성격, 가치관에 따라 핵심어가 다를 수 있다. 그래도 걱정할 필요가 없다.

잠깐 !

정신과 의사이며 의학박사인 일본의 니시다 마사키는 “완벽주의 성향으로 모든 일을 꼼꼼히 처리하려고 하면 ‘피곤하다’는 결과로 이어진다. 지나치게 높은 목표를 달성하려고 하는 것은 심각한 우울증의 원인이 될 수 있다. 이는 해로운 완벽주의다”라고 말했다. 그에 의하면, 완벽한 인간관계는 존재하지 않는다. 스스로 완벽하다고 생각하는 사람은 인격장애가 있는 것이다. 남과 완벽한 관계를 추구하는 것보다 적당한 거리를 유지하면서 소통하는 것이 필요하다. 학습에도 마찬가지다.

핵심어에 밑줄치기

중요한 것은 학습내용의 핵심 개념, 다른 개념과의 차이점, 핵심적인 요소를 파악해야만 학습을 했다고 할 수 있다. 핵심 개념, 주요 요소를 어떻게 파악할 수 있는가? 그것을 나타내 주는 핵심어를 파악하면 된다. 핵심어는 주로 명사 또는 동사이며 기타 약간 있다고 생각하면 무난하다. 학습내용 중에 모르는 단어, 중요하다고 생각되는 단어들이 눈에 띈다. 또는 책 제목, 각장 제목, 각장 소제목과 관련된 단어를 핵심어라고 한다. 그 단어들을 연필로 밑줄 쳐라.

주의사항 밑줄을 치는 일은 반드시 연필(샤프펜슬)로만 해야 한다. 간혹, 잘못된 단어에 밑줄을 긋는 일도 있고 익숙하게 되기 전까지는 실수가 종종 있으므로 잘못 밑줄을 친 경우 지우개로 지울 수 있어야 한다. (*사실은, 지우개로 지우는 일은 없다. 좀 밑줄이 비뚤어져도 되고 좀 잘못되어도 그리 문제될 것이 없는 것이다.) 핵심어를 고르는 것은 그것이 정말로 핵심어냐 아니냐가 중요한 것이 아니다. 더 중요한 것은 핵심어에 밑줄치기를 하는 것 그 자체가 집중력을 높이는 매우 효과적인 방법이라는 점이다. 그러므로 너무 정확하게, 너무 꼼꼼하게 핵심어를 선택하려고 해서는 안 된다.

편한 마음으로 그저 게임하듯 하면 되는 것이므로 진짜 핵심어가 아닌 단어에 밑줄을 쳐도 상관이 없다. 볼펜으로 밑줄 치면 지우개로 지울 수 없고 지면이 너저분하게 되어 시각적으로 학습에 방해가 되어 정신 집중에 좋지 않다. 그러므로 반드시 밑줄 치는 일은 연필(샤프펜슬)로만 하도록 하라. 가능하면 샤프펜슬을 항상 여러 개 준비하고 있도록 당부한다. 또한 깨끗하게 밑줄을 치기 위해서 자를 대고 밑줄을 치는 일도 전혀 필요가 없다. 그렇게 자를 대고 밑줄을 치지 말라. 그처럼 꼼꼼하게 하려는 마음이 오히려 스트레스의 원인이 되므로 그저 게임하듯 하면 된다. 게임을 하는 사람은 재미로 하는 것이지 꼼꼼하게 하려고 해서는 안 된다.

1단계는 가장 힘들고 중요하기에 다시 살펴본다

첫 번째로 물 흐르는 학습이 끝나면 냉수 한 잔을 마신 후 두 번째 읽기로 들어간다. 편한 마음으로 또 전진하면 되는 것이다. 첫 번째 읽을 때 눈에 띄지 않는 핵심어들이 두 번째에서 눈에 띈다. 크게 신경 쓸 것없이 당연히 밑줄을 긋는다. 두 번째 읽기도 물 흐르는 학습으로 부드럽게 마치면 이제는 세 번째 읽기로 간다. 세 번째 읽을 때 새로이 눈에 띄는 단어에 밑줄을 그으면 핵심어의 99%는 발견되었다고 생각해도 될 것이다.

유의 사항

어떤 독자는 "1단계에서 밑줄 칠 때 눈으로만 읽어야 되는지, 소곤소곤 거리는 정도로 빠르게 읽는 건 안 되는지?"를 질문해 왔다. 나의 대답은 이러하다. 소리 내어 읽는 것은 속도가 느리며 시스템학습법에 반대되는 것이다. 인생은 죽을 때까지 학습해야 한다. 젊은 나이에는 학습량이 지금보다 몇 배 더 많아야 제대로 된 실력과 정신력을 갖출 수 있다. 소곤소곤 거리는 식의 학습으로는 그 많은 양의 학습량을 소화할 수 없을 것이다.

눈으로만 읽는 것

눈으로만 읽는 것이 훨씬 더 빠르다. 음독으로 읽는 것은 시스템 학습법이 아니다. 요컨대, 지금보다 훨씬 많은 학습량을 소화해내야 하며 눈으로만 학습해야 한다. 학습은 작업이 아니라 게임이며 즐거움의 원천이다. 1단계에서, 속도를 빠르게 하여 죽죽 나아가면 1시간에 적어도 50쪽 이상 학습할 수 있으면 좋다. 능숙하게 되면, 필자처럼 1단계의 1회째 학습을 한 시간에 100쪽 이상 학습하게 된다! 지금은 독자가 초보이므로 학습 쪽 수에 신경 쓰지 말고 지속하는 것이 매우 중요하다.

그렇게 될 때까지 자신의 기존 학습방법에서 벗어나 새로운 학습법에 익숙하는 데 심리적인 어려움을 극복해야 한다. 그리고 2회독을 하면서 또 핵심어를 발견하면 밑줄치고, 없으면 안치면 되는 것이다. 3회독을 하면서 핵심어가 나오면 밑줄 치면 된다. 2회와 3회독을 할 때는 이미 밑줄 친 핵심어는 제쳐놓고 밑줄이 없는 곳에서 핵심어를 발견하는 것이니 1회독보다는 2회독이 더 빨리 나아가며, 2회독 보다는 3회독이 더 빨리 나아가야 한다.

1회째 50쪽, 2회째 60쪽, 3회째 70쪽

필자가 재래식 학습법으로 학습을 할 때 시간을 재어 보니, 1시간에 15쪽 정도 나아갈 수 있었다. 학습 내용에 따라 다를 수 있지만, 이해하려고 외우려고 하는 학습은 그렇게 속도가 늦다. 시스템학습법에서 1시간의 학습을 기준으로 하면 1단계 1회째에 50쪽, 1단계 2회째에 60쪽, 1단계 3회째에 70쪽을 학습하게 된다. 2단계는 속도가 더 빨라지게 된다. 약 100쪽 이상 학습하게 될 것이다. 이는 1단계에서 첫 번째 학습을 1시간에 적어도 50쪽 하는 것을 기본으로 하는 것이므로, 더 빠르게 학습할 수 있다면 더 좋다. 다시 말해 첫 번째 학습을 1시간에 100쪽을 한다면 그 이후 그에 비례하여 속도를 높이면 된다. 보통의 학습보다 훨씬 더 빠른 것이 시스템학습법의 큰 장점이며 2단계, 3단계로 갈수록 더 빨라진다.

필자가 언급한 야마구치 마유의 학습법은 첫 번째 학습이 가장 빠르고 그 다음부터는 좀 늦다. 이는 문제다. "매도 먼저 맞는 것이 낫다"는 속담이 있다. 어려운 것을 먼저 하는 것이 심리적으로 편하다는 것이다. 첫 번째 하는 학습이 조금 느리더라도 갈수록 빨라지면 심리적으로 유리하다. 마유의 방법은 첫 번째가 가장 빠르고 다음은 조금 느려지는데 이는 학습 효과가 떨어진다. 필자가 85% 시스템학습법을 했을 때 그렇게 했다. 학습이 부담이 되어 처음을 매우 빠르게 했는데, 그 다음에 조금 느리니 힘들었다는 사실이다.

1단계는 쾌속으로 진행하여 빠른 속도로 학습이 나아가므로 주의가 집중되는 효과가 있다. 독자가 시스템학습법에 능숙하면 앞으로 인생의 큰 경쟁력을 갖게 되어 인생을 편하고도 즐겁게 살게 될 것을 보장한다.

1단계에서, 핵심어는 다 읽고 나서 찾는 것이 아니라 읽어가면서 동시에 모르는 단어, 중요한 단어로 생각되는 단어를 직감적으로 골라 밑줄 쳐야 한다. 아마, 핵심어가 아닌 단어를 밑줄 치는 일이 있을 수도 있으나 그것은 아무 문제가 되지 않는다. 속도를 빨리 나가면 핵심어를 제대로 고르지 못하고 빠뜨릴까봐 걱정하는 것도 쓸데없는 걱정이다. 빠른 속도로 고르면서 나아가기 때문에 1회의 학습으로는 결코 핵심어를 다 고르지 못한다. 그러기 때문에 1단계는 3회를 반복하는 것이다. 3회를 반복하면 빠른 속도로 고르는데도 대부분의 핵심어가 포착되게 될 것이다.

빠뜨린 핵심어? 걱정 말라

혹시 1단계에서 핵심어 중에 선택되지 않은 것 즉 빠뜨린 핵심어가 있더라도 그리 걱정할 문제가 아니다. 그래서 2단계가 있고 또 3단계가 예비 되어 있는 것이다. 필자도 가끔 1단계에서 고르지 못한 핵심어를 3단계에서 발견하고 고르는 경우도 있다. 그러더라도 핵심내용을 이해하고 외우는 데는 지장이 없다. 우리의 두뇌는 그처럼 놀라운 성능을 가지고 있기 때문이다. 독자는 안심하고 더 속력을 내보시기 바란다. 조금 과속이라도 시스템학습법에서는 '과속 딱지'를 발행하지 않으므로 범칙금이 없어 절대 안전하다. 편안한 마음으로 실천해 본다면 머지않아 학습의 달인으로 변화하는 스스로를 발견하게 될 것이다.

잔상효과

잔상효과에 대해 설명하기로 한다. 1단계에서 2회독을 할 때 1회독에서 밑줄치기를 한 핵심어는 제쳐두고 밑줄이 없는 부분에서만 핵심어가 추가로 있는지 보물찾기를 한다. 핵심어가 있으면 밑줄치고, 없으면 그냥 넘어가면 된다. 이러한 과정에서 우리의 두뇌에서 작용하는 놀라운 능력이 나타난다. '잔상 효과'가 작용하여 이미 밑줄이 쳐진 핵심어가 저절로 무의식적으로 인식되는 학습현상인 것이다. '잔상 효과'란 시각에서 의식하지 못하는 것처럼 보이지만 우리 두뇌는 순간적으로 정보를 수용하면서 두뇌에 저장되며 그것이 잠재 정보로 작용한다. 시스템학습법은 바로 이 '잔상 효과'까지 감안한 학습법으로서 매우 과학적이라는 점이다. 요약하면, 1단계에서 2회독, 3회독을 할 때 기존의 밑줄 친 단어들은 제쳐두고 읽기 바란다.

1단계는 이해하려고 하지 않고, 외우려고도 하지 않으면서 그저 편안한 마음으로 핵심어 보물찾기 게임하듯 하는 것이다. 이러한 학습방법은 익숙하지 않는 독자에게 약간 이상한 느낌을 줄 수 있다. 지금까지 점수따기 학습을 해왔던 독자가 전혀 그러한 노력 없이 3회의 핵심어 밑줄치기 게임을 하고 나면 어떤 현상이 일어날까? 어떤 독자는 "어안이 벙벙하다", 또는 "멍청해진 것 같다"라고 말할 것이다. 그러한 느낌은 매우 정상적인 것이다.

멍청해진 것 같다

지금까지 신경질적으로 학습하던 독자들이 이제는 스트레스를 받지 않고 학습을 하니 그런 느낌이 드는 것이다. 그런데, 1단계 다음의 2단계로 들어가 2회의 학습을 마치면 학습내용이 '대충' 무엇에 대해 말하는 것인지 감이 잡힌다. 그리고 3단계 학습이 끝나면 저절로 이해가 되고 저절로 외워지게 되는 것이다. 그러므로 스트레스가 없으며 속도가 빠르고 결국 이해도와 암기도가 매우 높아지게 된다. 결과적으로, 시험성적이 좋아질 수밖에 없는 것이다.

필자는 1999년 금융감독원이 시행하는 손해보험중개인 국가고시에서 1,200여명의 응시자중 수석으로 합격했다. 이는 시스템학습법이 아니었다면 엄두도 내지 못할 결과였다. 보험중개회사를 설립할 수 있는 면허증을 수여하는 그 시험은 120명만을 선발해 경쟁률이 약 10대1이었다. 그 시험 응시자들은 거의 다 필자보다 젊은 20대, 30대였는데 120번째로 합격하는 것도 나로서는 대성공이었다. 그런데 시스템학습법으로 3단계를 마치고, 추가하여 4번 더 3단계 방식으로 학습을 더하니 즉 14회 학습을 했더니 실력이 저절로 붙었다. 어렵고 복잡한 내용 약 3천 쪽 시험교재 내용이 저절로 이해되고 암기되어 있었다. 결국 골치 아픈 일도 겪지 않고 전국 최고의 성적으로 합격하였던 것이다. 이는 필자가 잘나서도 머리가 좋아서도 아니고, 더구나 열심히 악을 써서 공부했기 때문도 아니다. 바로 시스템학습법이 과학적 학습효과를 발휘하여 높은 점수기 나온 것이다.

재미있어 다시 응시

필자는 이러한 현상이 재미가 있어, 다음 해인 2000년 금융감독원이 시행한 생명보험(인보험)중개인 국가고시에 응시하였다. 그 시험은 매년 50명만 선발하는 시험이기에 손해보험중개인 시험보다 더 합격하기가 어려웠다. 약 750 명의 많은 응시생이 있어 경쟁률이 약 15대 1이었는데 나는 3등으로 합격하였다. 이것도 재미로 한 시스템학습법 공부가 저절로 고득점을 얻게 했던 것이다. 그래서 그 다음 해인 2001년 어떤 기관에서 시행하는 금융자산관리사(FP)자격시험에 응시하였는데 합격률은 9%에 불과한 좀 어려운 시험이었다. 시스템학습법으로 공부하는 한 고득점이 보장되니, 필자가 91%의 불합격자 명단에 속하지 않고 9%의 합격자 명단에 포함된 것은 역시 우연한 일이 아니었다.

시스템학습법의 물 흐르는 학습으로 학습하니까 세 번째 읽더라도 그리 힘들지 않았다는 것을 느낄 것이다. 그런데 잠깐만 생각해 본다! 이처럼 쉬운 밑줄 긋기가 고상하신 분들에게는 이상하게도 실천하는 것이 힘들 수 있다. 물 흐르는 학습으로 편하게 나아가면서 밑줄을 긋는 것도 큰일이라고 하기 싫어하는 사람들이 있는 것이 현실이다. 사람은 습관의 동물이다. 지금까지의 습관과 다른 행동은 쉬운 것이라 할지라도 제대로 따라하는데 어려움을 느낄지 모른다.

고상하신 분들은 조심해야

독자들은 그 동안 재래식 학습으로 너무 많은 고생을 하신 분들이라 밑줄치기 정도라면 싱긋 웃으며 그냥 따라할 것이라고 믿는다. 세 번째 읽기를 물 흐르는 학습으로 끝낸 우리는 99% 밑줄 긋기를 끝냈기 때문에 네 번째 읽기부터는 밑줄 긋는 일을 거의 할 필요가 없음을 알게 된다. 그저 물 흐르는 학습으로 부드럽게 밑줄을 그은 단어들을 읽어가면서 앞으로만 전진하면 된다.

따라서 밑줄을 그은 핵심어들을 부드럽게 반추함으로써 우리의 지식으로 승화시킬 수 있다. 그리고 핵심어를 중심으로 기억해야 학습량을 충분히 소화할 수 있다. 그러면 핵심어에 대한 이해도가 증가된다. 핵심어에 밑줄을 칠 때 우리의 두뇌는 집중하게 되며 이는 이해하고 기억하는데 도움이 된다.

Practical Learning Cases

실제 학습사례

로크ㄱ의 사회계약론ㄴ

로크의 사회계약론ㄴ은 두 가지ㄱ 문제점이 있다. 첫째ㄱ, 사회계약ㄱ의 역사적ㄴ 사실성에 관한 문제다. 곧 "상호간에 독립ㄱ되고 평등ㄱ한 일단의 사람들이 함께ㄱ 모여 이런 방법으로 정부를 시작ㄷ하고 수립하였던 실례ㄴ는 역사상 어디에서도 발견되지 않는다ㄷ"고 반론ㄴ이 제기될 수 있다. 이에 로크는 "정부ㄴ는 어느 곳에서든 간에 기록보다ㄴ 앞선다."라는 말로 대답한다. 로크는 국가ㄱ의 기원ㄴ에 관한 역사적 설명에서 최초의ㄱ 정부ㄱ가 가정ㄴ에서 시작되었고 처음의ㄷ 지배자ㄷ가 가부장적ㄱ 군주였다고 보았다. 그는 "가족의 자연적인 아버지ㄷ가 눈에 띄지 않는 변화ㄴ를 거쳐서 또한 그들의 정치적ㄱ 군주가 되었다."는 사실을 인정하였다. 그가 부정ㄴ한 것은 단지 군주ㄷ가 그 자격ㄱ을 갖는 것이 부권ㄱ에 의한 것이라는 점이다. 부권ㄴ과 정치적 권력ㄷ은 전혀 별개ㄷ의 권력이며, 따라서 아버지가 군주로ㄱ 변신하는 것은 오직 "자식들ㄷ의 명시적 또는 묵시적 동의ㄱ"에 의해서 일 뿐이다.

로크는 역사의 초기에 정부ㄴ가 아버지인 군주ㄷ 한 사람의 수중에 있었다는 사실이 자신의 주장, 곧 정치사회의 기원ㄱ은 하나의 공동체ㄴ를 수립하여 거기에 가입ㄷ하려는 각 개인들의 동의ㄷ에 의존한다는 주장을 훼손하는 것은 아니라고 강변한다. 로크의 사회계약ㄷ의 관념은 "하나의 설명장치, 한 사회의 구성원ㄱ들이 마치 상호ㄴ 계약을 맺은 것처럼 행동하지 않고서는 그 사회가 존재ㄱ할 수 없다고 말하려는 하나의 방식"이었다.

두 번째ㄱ 문제는 최초의 국가 설립자들의 후손들의 지위ㄷ를 어떻게 설명할 것인가 하는 것이다. 계약 이론ㄴ이 처한 딜레마ㄴ는, 한편으로 만일 그것이 사회의 기원ㄷ을 설명하기 위한 순수한 역사이론ㄷ으로 간주된다면, 뒷 세대의 권리ㄱ에 대해서는 전혀 아무런 의미도ㄴ 갖지 못하게 되어 정치적 의무ㄱ의 설명으로는 무용지물ㄷ이 되어 버리는 반면, 만일 그것을 일차적ㄴ으로 정치적 의무ㄱ의 분석장치로 취급한다면, 그것에서 도출되는 이론적 개인주의ㄱ–누구든지간에 복종ㄷ할 것을 개인적으로 직접ㄱ 동의한 정부가 아니고는 복종할 의무ㄱ가 없다고 주장하는–는 정부 그 자체와 양립하기ㄷ 어렵게 된다는 점이다.

중세이래 동의ㄱ의 개념은 일반적으로 공동체의 유기적 연속ㄴ의 관념과 결부되어, 어느 한 시기에 행해진 동의는 당대인들ㄱ뿐만 아니라 동일사회의 같은 구성원으로서 그 후속ㄱ 세대들 구속하는 것으로 인식되었다. 그러나 로크의 견해에 의하면, 오늘날 사람들은 비록 어떤 국가 안에서 태어나기는 하지만, 출생ㄷ 그 자체만으로는 결코 어느 국가의 시민ㄴ도 되지 않는다. 그들은 자유로운ㄱ 존재이며, 자유로운 인간인 그들을 한 국가의 구성원ㄷ으로 만들어 주는 것은 오로지 그들의 자발적인ㄴ 동의뿐이다.

그와 같은 동의는 명시적ㄱ 동의와 묵시적ㄱ 동의ㄱ로 구분되는데 문제ㄴ가 되는 것은 묵시적 ㄴ동의이다. 로크는 "누구든지 어떤 정부의 영토를 어느 일부라도 소유ㄱ하거나 향수ㄴ하는 사람은 모두 그것으로써 묵시적ㄱ 동의ㄱ를 행하는 것이며, 그리고 그렇게 향수ㄷ하고 있는 동안은 그 정부 밑에 있는 다른 어떤 사람들과 똑같은 정도로 그 정부의 법률에 복종할ㄱ 의무ㄱ가 있다."고 말한다. 또 영토의 소유나 향수가 자손에게 상속되는 영구적인 소유이든, 불과 한 주일의 체류이든, 또는 단지 공로를 자유롭게 여행하고 다니는 것에 지나지 않든 상관이 없으며,"어느 누가 그 정부의 영토ㄷ 안에ㄷ 있다고 하는 바로 그 사실" 자체ㄷ도 묵시적ㄱ 동의라고 주장하였다.

묵시적 동의만 한 사람ㄴ은 그가 향수하는 토지를ㄱ "증여나 매각 또는 다른 방법으로"처분ㄷ만 해 버리면, 언제든지 그 의무에서 벗어나ㄴ 자유롭게 되며 그렇게 되면 그는 어느 다른ㄱ 나라에 가입하여 그 일원이 될 수도, 혹은 다른 사람들과 더불어 미답의 곳에서 새로운ㄱ 국가ㄱ를 세울 수도 있는 것이다.

그러나 이 묵시적ㄱ 동의는 그를 그 나라의 항구적인ㄴ 국민, 완전한 시민으로 만들어 주지는 않으며 명시적ㄱ 동의만이 사람을 한 나라의 시민ㄴ으로 만들 수 있다. 이것은 그를 그나라에 영원히 결박ㄷ시킨다.
근래 많은 로크 전문가들이 동의 논의와 관련하여 곤혹ㄷ스러워 하는 것은 명시적ㄱ 동의에 대해서이다. 로크의 동의 논의에서 발생하는 오해와 혼란ㄴ은 그가 명시적ㄱ 동의와 묵시적ㄱ 동의를 서로간에 본질적인 기능의 차이ㄴ가 있는 것으로 성격 규정한 데서 오는 것이다. 양자는 단지 동의의 표명방식ㄴ의 차이에서 구별된 것인데, 거기에 기능상의 본질적ㄴ 차이ㄴ를 부여할 이유가 어디에 있는가?

로크 정치사상의 전체적인ㄷ 맥락ㄷ에서 볼 때, 명시적ㄱ 동의와 묵시적ㄱ 동의가 내용상 서로 구별ㄴ되는 것으로 이해되어야 할 아무런 근거가 없다ㄷ. 따라서 묵시적ㄱ 동의는 그 동의자에게 시민권, 완전한ㄴ 성원의 자격을 부여해주지 못하며ㄷ, 그것은 오직 명시적ㄱ 동의로써만 가능하다는 진술은 로크 자신의 전체적 입장과 직접적으로 상충ㄷ되는 것이다. 동의에 있어서 중요한 것은 무엇에 동의ㄴ했는가 하는 동의의 내용ㄱ에 놓여 있는 것이지, 그것을 어떤 방식으로ㄷ 표명했는가 하는 형식에 놓여 있는 것은 아니기ㄷ 때문ㄷ이다.

이상의 학습예문을 핵심어 밑줄치기를 하면서 부드럽게 학습하면 되는 것이다. 다시 주의를 환기시키고자 한다. 핵심어 밑줄치기는 반드시 볼펜이 아닌 연필(샤프펜슬)로만 해야 한다. 연필로 해야 잘못 하더라도 수정할 수 있다는 안심감으로 스트레스가 없게 된다. 지워지지 않는 볼펜자국은 수정하기도 어려울뿐더러 시각적으로 학습내용을 어지럽힌다. 볼펜은 고칠 수 없기 때문에 틀리면 안 된다는 강박관념이 스트레스를 만들어 학습효과가 급격히 떨어진다.

연필(샤프펜슬)로만 해야

예문에서 밑줄치기를 한 단어에 ㄱ을 붙인 것은 첫 번째 읽을 때 밑줄을 친 단어이고, ㄴ을 붙인 것은 두 번째에서, ㄷ을 붙인 것은 세 번째로 읽을 때에 밑줄 친 것을 의미한다. 이 사례의 ㄱ, ㄴ, ㄷ의 적용례는 단지 핵심어 줄치기를 하는 방법을 설명하기 위하여 예로 든 것일 뿐이므로 실제로 이와 같은 똑같은 예문이 있다고 하더라도 독자에 따라서 다른 단어에 밑줄치기를 할 수도 있다. 매우 꼼꼼한 분은 많은 단어를 핵심어로 밑줄을 칠 것이다. 그와 정반대의 성격이신 분은 적은 단어를 핵심어로 밑줄을 칠 것이다. 시스템학습법에 익숙해지면 성격이 꼼꼼하신 분들은 좀 대범해지며, 반대인 분들은 상대적으로 좀 꼼꼼해지게 된다. 이는 도를 닦는 사람들이 도를 닦으면서 융통성과 원만한 성격으로 변해가듯이 중용의 의미를 점차 체득해 나아가기 때문일 것이다.

하여튼, 핵심어 밑줄치기는 물 흐르는 학습에서 연반추 학습에 절대적으로 필요하다. 이것마저 귀찮다고 생각하는 분이라면 필자의 책을 구입하기 위해 시내에 나가지도 않았을 것이니 독자 중에는 그런 분이 없을 것이다. 핵심어 밑줄치기는 세 번을 읽는 동안에 99%로 대부분 완성하게 된다. 그 이후는 거의 밑줄치기가 없을 것이다. 이 간단한 방법은 독자가 위대한 업적을 이루는 엔진이 될 것임을 조만간 알게 될 것이다.

연반추 학습이란?

재래식 학습법으로 책을 세 번 정도 반복하여 학습하는 사람은 매우 의지가 강한 사람이다. 사실, 재래식 학습법으로는 한 시간에 15쪽 정도로 진도가 나아가니 너무 힘들어서 헉헉된다. 재래식 학습법이 험한 비포장 길이라면 시스템학습법은 아스팔트길이다. 험한 비포장 길을 세 번 왕복하는 것보다 아스팔트길을 열 번 왕복하는 것이 쉽고 편하고 더 빠르다. 시스템학습법 학습자는 중도 포기할 확률이 거의 없다. 재래식 학습법 학습자는 완주하는 사람이 1%라면 시스템학습법은 90%로서 100명중에 90명은 된다. 결국 재래식 학습법보다 90배 성공확률인 것이다. 재래식 학습자가 충분한 실력을 얻을 때까지 학습하는 것은 시스템학습법 3단계를 마칠 때보다 에너지와 시간도 훨씬 많고 실력은 큰 차이가 있다.

핵심어 밑줄치기는 보통 세 번째에 마무리되며 그 이후에는 거의 없다. 시스템학습법은 열 번을 연반추하는 것을 기본으로 한다! 열 번 이후에 읽는 것은 더 편하고 더 잘 이해되므로 잘 활용하면 엄청난 보너스가 있다! 그 이유는 과학적 근거가 있는 '과잉학습'의 효과로 설명된다. 그런데, 이상하게도 재래식 학습법으로 세 번 읽는 것보다 시스템학습법으로 열 번을 읽는 것이 편하고 빠르며 재미있다는 사실이다.

시험공부에서 열 번 정도를 학습하면 합격확률이 훨씬 높다. 시스템학습법은 재래식 학습법보다 몇 배 더 효과가 있어 합격확률은 훨씬 높다. 합격 커트라인 바로 밑에 있는 점수를 합격선 위로 들어 올려주기 때문이다. 충분한 반추학습은 두뇌의 기적을 일으킨다. 반추학습은 학습자도 모르게 두뇌에 새겨지는 놀라운 효과를 보여 준다. 둔재가 천재로 뒤바뀔 수 있는 비법이다.

시스템학습자들 탈락했을까?

지금까지 이해되든 외워지든 말든, 핵심어 찾기만을 하면서 나아왔다. 그러했기 때문에 숨이 가쁜 일도 없고 그저 담담하게 성공적으로 지금까지 나아왔다. 힘이 들어 탈락한 사람은 없다는 사실이다!

잠깐 !

빅터 프랭클은 오스트리아 빈 의대 신경정신과 교수이며 로고세라피를 가르쳤다. '로고세라피'란 '의미를 통한 요법'이라고 해석할 수 있다. 프랭클은 아우슈비츠와 다카우 유태인 수용소에서 3년 동안 견딘 경험이 있다. 우리가 행복에 집착할수록 더 많은 행복을 놓치게 된다. 스포츠에서 최선의 동기부여는 자신과 경쟁하는 것이다. 스포츠에서 긴장의 근본적인 원인은 '승리에 대해 과도하게 걱정하는 것' 혹은 '의도과잉'이다.

수영코치인 워렌 바이어스는 선수들에게 "자신만의 경주를 하라"고 강조한다. 선수들은 승리가 아니라 '자신만의 최고 라이벌'이 되고자 할 때 최고의 기량을 보인다. 낙하산 경기의 우승자인 킴 아담스는 "진정한 선수는 오로지 자신과 경쟁한다"라고 말한다. 공포증은 불안이 일어나는 상황을 회피하려고 애쓰기 때문에 발생한다. 이는 정확히 역설적 의도로 성취할 수 있다는 것이다. 역설적 의도는 계속 딸꾹질을 하려고 애쓰면 멈춰진다는 것이다. 역설적 의도의 좋은 결과는 학습이론에 따라 설명될 수 있다. 시스템 학습법에서 왜 "이해하든 말든 외워지든 말든 앞으로만 나아가라"고 하는 이유가 여기에 있다. 독자가 아무리 이해하고 싶어도 아무리 외우고 싶어도 학습심리학적으로 준비가 제대로 되지 않은 상태에서는 이해하거나 외워질 수 없다. 그러므로, 이해하려 하지 말고, 외우려고 하지 말고 편한 마음으로 나아가면 역설적으로 저절로 이해되고 저절로 외워지는 것이다.

주의사항 시스템학습법은 단순한 듯하지만 각 진도마다 독자는 꼭 명심해야 할 사항들이 있음을 상기하라! 그러므로, 진도가 한걸음씩 진행될 때마다 이 책에 나와 있는 유념 사항들을 읽으면서 '꼭 그대로'해야만 100% 성공할 수 있다. 그렇지 않고 '대충 외워서' 진도를 나아가고자 하면, 실수 가능성이 있어 어느 틈에 장애가 발생한다. 더욱 위험한 것은 실패로 입증된 재래식 방식으로 돌아갈 확률이 높다.

▶ 시스템학습법 1단계 노하우 다시 살펴보기

1단계가 가장 느리고 가장 힘든 과정이다. 그럼에도 재래식학습법보다는 훨씬 쉽고 빠르다. 1단계는 학습 교재를 편하게 전체를 다 읽어본다. 그러면서 핵심어에 연필로 밑줄치기를 한다. 이러한 과정을 3회 반복하는 것이다. 이해하든 말든 외워지든 말든 그냥 계속 앞으로만 전진한다.

매일 최소한 30분, 많이 하면 할수록 좋은 것이 시스템학습이다. 참고로, 필자는 금융기관 재직 시에 매일 90분 정도를 기본으로 학습하였고 그에 더하여 가능한 한 많은 시간을 '학습 게임'에 몰두하였다.

이해되든 외워지든 말든, 편하게 부담없이

1단계의 첫 번째 학습하기를 성공하는 것이 탄탄대로를 약속해 준다. 꼼꼼하게 학습하려 말고 편하게, 이해되든 말든 외워지든 말든 앞으로만 진행되도록 한다. 이해가 되지 않았어도 외워지지 않았어도 결국 이해되고 외워지게 될 것이기 때문에 안달할 필요가 없다! 게임을 하는 것이므로 결과에 연연할 필요가 없고, 결국은 놀라운 결과를 얻도록 프로그램되어 있음을 명심하기 바란다.

휴일날은 쉬나요?

중요한 것은 매일 하루에 최소한 30분 이상은 반드시 학습해야 한다. 휴일날은? 학습에는 결코 휴일이 없다. 독자가 지금보다 두뇌를 수십 배 수백 배 써도 더 잘 돌아간다! 편안하게 매일, 평일이든 휴일이든 학습한다.

두 번째를 시작

두 번째로 첫 쪽부터 마지막 쪽까지 편안하게 '보물찾기 게임'을 한다. 추가로 핵심어가 찾아지면 연필로 밑줄치기를 하면 된다. 첫 번째 학습에서 밑줄치기를 한 단어는 건너뛰고 핵심어를 발견하면 되는 것이므로 첫 번째 학습보다 속도가 더 빠를 것이다.

스트레스는 독약

'핵심어 보물찾기' 게임을 편한 마음으로 나아가기만 할 뿐이다.

세 번째 학습, 중요한 날

이 프로그램은 뭐 특별한 것이 없지 않느냐고 누구는 묻는다. 재래식으로 시작하면 100명 중에 90명은 3회 정도의 학습을 제대로 실천하기 전 도중 하차한다. 오로지 '독하신 분'들 일부만이 살아남았다. 이 프로그램에 참가한 독자들은 열병에 걸린 분 빼고는 전원 살아남았다! 독자들은 '독하신 분'들이 아니라 평범한 분들이다.

적은 차이가 천재와 둔재로

세 번째 학습하기를 마치면 성공의 길에 들어섰다. 이번에도 이해가 되든 말든, 외워지든 말든 아무 상관할 바 없다. 독자가 학습하기를 3회에 걸쳐 하게 되면 두뇌에는 학습 내용이 3중으로 새겨져 있다.

시스템학습법은 끝까지 성공행진을 하는 데에 그 위대함이 있다. 재래식으로는 세 번째 학습하기를 마칠 때에 이미 기진맥진해져 있다. 재래식 학습자들은 지긋지긋한 학습이 빨리 끝나기만을 학수고대한다. 시스템학습법의 참여자들은? 그저 게임만을 하면서 편하게 왔다. 게임을 하기에 더 하기만 기다려진다. 주의! 시스템학습법은 유념사항들을 '꼭 그대로'해야만 100% 성공한다. 그렇지 않으면 습관화된 옛 재래식 방식으로 돌아갈 위험이 높다.

▶ 특별한 보완대책!!

1단계 학습을 마친 사람들은 대부분 2단계로 들어가면 된다. 그러나 특별한 경우가 있다. 시험 준비를 하는 사람들과 같이 더 철저히 준비해야만 하는 경우가 있다. 이런 경우 특별한 보완대책을 실시한 후에 2단계로 들어가기를 권한다.

1단계에서 3회에 걸쳐 핵심어 찾기를 했어도 핵심어가 부족하다고 느끼는 경우다. 그러한 사람들은 1단계의 3회 핵심어 찾기를 마친 후에, 1-2회 정도 추가로 핵심어 찾기를 더 하기를 권한다. 그러면 2단계와 3단계가 무난하게 부드럽게 진행되어 학습 효과를 분명하게 느낄 것이다. 이러한 특별 보완대책을 제시하니까, 어떤 독자는 이렇게 말할지 모른다. "1단계에서 3회의 학습을 한 것도 대단한 노력이 든 것인데, 1-2회를 추가하여 학습하는 것은 너무 힘든 일이 아닌가요?" 얼핏 일리가 있는 말로 들린다. 그러나 사실은 아니다.

시스템학습법으로 하는 학습은 속도가 매우 빠르다. 재래식학습으로 한 시간에 15쪽 정도를 학습하던 것이 시스템학습법은 1시간에 1회째 50쪽, 2회째 60쪽, 3회째는 70쪽이다. 더 빨라도 좋다. 그러면 특별 보완대책에 의해 추가로 하는 1-2회의 학습은? 추가 1회는 1시간에 적어도 100쪽, 추가 2회째는 150쪽 이상의 속도로 학습하게 된다. 더욱이, 1단계 학습은 이해하든 말든, 외워지든 말든 게임을 하는 것이므로 힘들 일이 없다.

이러한 특별 보완대책을 실시하는 독자는 특별히 철저하게 학습해야 하는 분들에게만 해당된다. 이러한 분들이 추가로 1-2회의 1단계를 더 실시하면 2단계와 3단계는 더욱 편해지고 더욱 이해력과 암기력이 높아져 학습효과를 분명히 볼 수 있다. 이는 엄청난 소득이 아닌가? 하면 할수록 남는 장사이고 절대로 손해가 아니다! 독자 자신이 이익을 보는 것이며 불평할 이유가 없다.

시스템학습법 제2단계

2단계 실천요령

2단계의 학습 방법은 1단계보다 간단하다. 1단계에서 3회에 걸쳐서 독자는 '핵심어'를 골라 놓았다. 그 핵심어들 중에서 '진짜 핵심어'를 고르는 것이 2단계 학습이다. '진짜 핵심어'를 '진핵어'라고 부르며, 이 진핵어를 형광펜으로 표시하거나 연필로 둥근 원을 그려 표시하면 된다. 이것을 2회 실시하는 것이 2단계이다.

자, 이제 2단계로

재래식 방법으로 학습해 온 분들은 많은 분들이 이미 탈락한 반면, 우리 독자들은 편안하게 2단계로 진입하였다. 이제는 독자들은 학습 내용에 자신도 모르게 익숙해졌다. 시스템학습법은 속독이 아니다. 그러나 재래식 학습법에 비하면 학습 속도가 매우 빠르다. 1단계 첫 번째 학습에서 1시간에 적어도 50쪽을 학습하는 것이 좋다. 1단계의 두 번째 학습에서는 이미 밑줄치기를 한 단어를 건너뛰어, 밑줄이 없는 내용 중에서 핵심어를 추가로 고른다. 그러기에 더 빠른 학습 즉 1시간에 60쪽을 학습할 수 있다. 1단계의 세 번째 학습은 더 빠르다. 2회에 걸쳐 핵심어를 찾았기에 밑줄 없는 곳에서 핵심어를 찾아 1시간에 70쪽을 학습할 수 있다.

1단계에서 빠른 속도로 핵심어를 밑줄치기를 하다 보니 그 핵심어 중에는 '진짜 핵심어'가 아닌 단어들이 반드시 섞여 있을 것이다. 신경 쓰지 않아도 된다. 독자는 1단계에서 밑줄치기를 하는 목적을 생각해보기 바란다. 밑줄치기를 하는 것은 반드시 '핵심어'만을 골라내려고 하는 것이 아니다. 밑줄치기를 하는 것과 하지 않는 것은 집중력에 큰 차이가 나타난다. 인간은 잡념의 존재이다. 아무리 집중력이 탁월하고 잡념이 없는 것 같은 사람이라도 모든 사람은 잡념으로 가득 차 있다는 사실이다. 밑줄치기를 하는 과정은 잡념이 줄고 집중력이 매우 높아진다. 집중력이 적어도 3배는 높아진다.

점차 속도를 빠르게

참고로, 필자는 위에서 말한 속도의 2배 정도로 진도가 나아간다. 그래도 전혀 이상이 없고 학습 효과는 더욱 좋다. 다만, 독자가 시스템학습법에 아직 익숙하지 않은 상태에서 필자와 같은 속도로 나아가면 어안이 벙벙해질 수 있기에 조금 천천히 가라고 하는 것이다. 운전에 미숙한 분은 점차로 속도를 빠르게 하면서 적응해가는 것이 중요한 것과 같다. 당장 속도를 내려고 할 필요는 없다. 익숙해질 때까지 무리 없이 좀 빠른 속도로 나아가되 익숙해지면 속도가 더 빨라질 것이다.

빠른 속도로 1단계 학습에서 3회에 걸쳐 찾은 핵심어 중에서 '진짜 핵심어'를 골라서 형광펜으로 표시하거나 연필로 둥그렇게 표시하면 된다. 이것이 2단계 학습 방법이다. 그러나 단방에 '진짜 핵심어' 즉 '진핵어'를 모두 찾아내려고 해서는 안 된다. 그러면 스트레스가 높아진다. 단방에 완벽하게 하려고 해서는 안 된다. 2단계는 '진핵어'를 찾아 형광펜이나 연필로 표시하는 게임을 두 번 하면 된다. 요컨대 2단계는 2회의 학습 과정이다. 이처럼 간단한 것을 많은 사람들이 복잡하게 하려 하고 '유식하게' 하려 하니까 복잡하고 비비꼬인 인생을 살아온 것이다. 학습의 참된 열매는 3단계에서 얻게 되는 것이므로 서둘러서는 안 된다. 3단계에서 '저절로' 이해되고 저절로 외워지게 되는데 왜 안달하거나 서두를 필요가 있는가?

진핵어를 표시

2단계 학습을 다시 살펴본다. 1단계에서 밑줄을 치는 것은 내용에 익숙지 않은 상태에서 모르는 단어, 중요하다고 생각되는 단어(핵심어)들을 좀 빠른 속도로 밑줄을 친 것이다. 그러므로 그 핵심어들 중에는 진짜로 중요한 단어도 있지만 덜 중요한 단어들도 있다고 볼 수 있다. 어떻든 독자가 처음 세 번을 학습해 가면서 '중요하다'고 생각되는 단어, '모르는 단어'라고 생각되는 단어들을 핵심어로 밑줄을 쳐 왔다. 그 밑줄 친 핵심어들 중에서 정말로 문맥의 정수가 되는 의미가 있는 단어, 꼭 기억되어야 할 단어, 중심적인 단어들을 진핵어로 선택하여 표시하는 것이다. 이러한 표시하는 일은 2번에 걸쳐 한다. 2단계는 2회의 학습으로 완수되는 과정이다. 2단계를 완수하면 1단계에서 3회,

2단계에서 2회 총 5회의 연반추를 한 것이 된다.

독서속도를 빨리하면 집중력이 떨어지고 이해하기 힘들어질까? 우리의 두뇌는 엄청난 양의 정보를 순식간에 수용하여 처리할 수 있다. 그러므로, 독서속도가 빠르다고 이해력이 떨어지는 것은 아니다. 연구결과에 의하면, 학습심리학자 왕은 "얼마나 많이 정교화하는가"의 실험에서 빨리 학습하는 사람들은 느린 학습자들보다 현저한 우위를 보여주었다. 다른 말로 하면, 빠른 학습자가 더 뛰어난 학습효과를 보여주었다. 결론은 빠른 학습이 이해를 증가시키고 높은 기억력을 보여 주었다는 것이다. 학습 속도가 빠르면 집중력이 더 높아진다. 운전을 할 때 40킬로미터로 달리는 사람과 80킬로미터로 달리는 사람 중 누가 운전에 집중력이 더 높을까? 당연히 빠른 운전자가 운전 집중력이 더 높은 것이다. 학습도 그와 같다.

독자가 학습하는 교재에는 연필로 밑줄을 그은 핵심어들이 각 페이지마다 이곳저곳에 눈에 띈다. 세 번째 읽기를 마치면 1단계가 끝나, 핵심어 밑줄치기가 마무리되어 있으므로 2단계에서는 그 핵심어 중에서 진짜 핵심어 즉 진핵어를 표시만 하면 되는 것이다.

이 단계에서 독자는 핵심어들을 중심으로 묶음으로 읽는 것이 이해력에도 큰 도움이 된다는 것을 실감하게 된다. 따라서 빠르게 읽는 능력이 생겼고 빠르게 이해하는 속해능력이 생겼다. 재래식 학습은 학습 속도가 느리고 고개를 돌려가면서 읽는 사람도 있다. 시스템학습법은 핵심어를 따라가면서 하는 물 흐르는 학습이기 때문에 시선의 움직임이 빠르다. 독서속도가 빨라지고 이해력도 동시에 빨라졌다.

Practical Learning Cases

실제 학습사례

로크ㄱ의 사회계약론ㄴ

로크의 사회계약론ㄴ은 두 가지ㄱ 문제점이 있다. 첫째ㄱ, 사회계약ㄱ의 역사적ㄴ 사실성에 관한 문제다. 곧 "상호간에 독립ㄱ되고 평등ㄱ한 일단의 사람들이 함께ㄱ 모여 이런 방법으로 정부를 시작ㄷ하고 수립하였던 실례ㄴ는 역사상 어디에서도 발견되지 않는다ㄷ"고 반론ㄴ이 제기될 수 있다. 이에 로크는 "정부ㄴ는 어느 곳에서든 간에 기록보다ㄴ 앞선다."라는 말로 대답한다. 로크는 국가ㄱ의 기원ㄴ에 관한 역사적 설명에서 최초의ㄱ 정부ㄱ가 가정ㄴ에서 시작되었고 처음의ㄷ 지배자ㄷ가 가부장적ㄱ 군주였다고 보았다. 그는 "가족의 자연적인 아버지ㄷ가 눈에 띄지 않는 변화ㄴ를 거쳐서 또한 그들의 정치적ㄱ 군주가 되었다."는 사실을 인정하였다. 그가 부정ㄴ한 것은 단지 군주ㄷ가 그 자격ㄱ을 갖는 것이 부권ㄱ에 의한 것이라는 점이다. 부권ㄴ과 정치적 권력ㄷ은 전혀 별개ㄷ의 권력이며, 따라서 아버지가 군주로ㄱ 변신하는 것은 오직 "자식들ㄷ의 명시적 또는 묵시적 동의ㄱ"에 의해서 일 뿐이다.

로크는 역사의 초기에 정부ㄴ가 아버지인 군주ㄷ 한 사람의 수중에 있었다는 사실이 자신의 주장, 곧 정치사회의 기원ㄱ은 하나의 공동체ㄴ를 수립하여 거기에 가입ㄷ하려는 각 개인들의 동의ㄷ에 의존한다는 주장을 훼손하는 것은 아니라고 강변한다. 로크의 사회계약ㄷ의 관념은 "하나의 설명장치, 한 사회의 구성원ㄱ들이 마치 상호ㄴ 계약을 맺은 것처럼 행동하지 않고서는 그 사회가 존재ㄱ할 수 없다고 말하려는 하나의 방식"이었다.

두 번째ㄱ 문제는 최초의 국가 설립자들의 후손들의 지위ㄷ를 어떻게 설명할 것인가 하는 것이다. 계약 이론ㄴ이 처한 딜레마ㄴ는, 한편으로 만일 그것이 사회의 기원ㄷ을 설명하기 위한 순수한 역사이론ㄷ으로 간주된다면, 뒷 세대의 권리ㄱ에 대해서는 전혀 아무런 의미도ㄴ 갖지 못하게 되어 정치적 의무ㄱ의 설명으로는 무용지물ㄷ이 되어 버리는 반면, 만일 그것을 일차적ㄴ으로 정치적 의무ㄱ의 분석장치로 취급한다면, 그것에서 도출되는 이론적 개인주의ㄱ–누구든지간에 복종ㄷ할 것을 개인적으로 직접ㄱ 동의한 정부가 아니고는 복종할 의무ㄱ가 없다고 주장하는–는 정부 그 자체와 양립하기ㄷ 어렵게 된다는 점이다.

중세이래 동의ㄱ의 개념은 일반적으로 공동체의 유기적 연속ㄴ의 관념과 결부되어, 어느 한 시기에 행해진 동의는 당대인들ㄱ뿐만 아니라 동일사회의 같은 구성원으로서 그 후속ㄱ 세대들 구속하는 것으로 인식되었다. 그러나 로크의 견해에 의하면, 오늘날 사람들은 비록 어떤 국가 안에서 태어나기는 하지만, 출생ㄷ 그 자체만으로는 결코 어느 국가의 시민ㄴ도 되지 않는다. 그들은 자유로운ㄱ 존재이며, 자유로운 인간인 그들을 한 국가의 구성원ㄷ으로 만들어 주는 것은 오로지 그들의 자발적인ㄴ 동의뿐이다.

그와 같은 동의는 명시적ㄱ 동의와 묵시적ㄱ 동의ㄱ로 구분되는데 문제ㄴ가 되는 것은 묵시적 ㄴ동의이다. 로크는 "누구든지 어떤 정부의 영토를 어느 일부라도 소유ㄱ하거나 향수ㄴ하는 사람은 모두 그것으로써 묵시적ㄱ 동의ㄱ를 행하는 것이며, 그리고 그렇게 향수ㄷ하고 있는 동안은 그 정부 밑에 있는 다른 어떤 사람들과 똑같은 정도로 그 정부의 법률에 복종할ㄱ 의무ㄱ가 있다."고 말한다. 또 영토의 소유나 향수가 자손에게 상속되는 영구적인 소유이든, 불과 한 주일의 체류이든, 또는 단지 공로를 자유롭게 여행하고 다니는 것에 지나지 않든 상관이 없으며,"어느 누가 그 정부의 영토ㄷ 안에ㄷ 있다고 하는 바로 그 사실" 자체ㄷ도 묵시적ㄱ 동의라고 주장하였다.

묵시적 동의만 한 사람ㄴ은 그가 향수하는 토지를ㄱ "증여나 매각 또는 다른 방법으로"처분ㄷ만 해 버리면, 언제든지 그 의무에서 벗어나ㄴ 자유롭게 되며 그렇게 되면 그는 어느 다른ㄱ 나라에 가입하여 그 일원이 될 수도, 혹은 다른 사람들과 더불어 미답의 곳에서 새로운ㄱ 국가ㄱ를 세울 수도 있는 것이다.

그러나 이 묵시적ㄱ 동의는 그를 그 나라의 항구적인ㄴ 국민, 완전한 시민으로 만들어 주지는 않으며 명시적ㄱ 동의만이 사람을 한 나라의 시민ㄴ으로 만들 수 있다. 이것은 그를 그나라에 영원히 결박ㄷ시킨다.
근래 많은 로크 전문가들이 동의 논의와 관련하여 곤혹ㄷ스러워 하는 것은 명시적ㄱ 동의에 대해서이다.
로크의 동의 논의에서 발생하는 오해와 혼란ㄴ은 그가 명시적ㄱ 동의와 묵시적ㄱ 동의를 서로간에 본질적인 기능의 차이ㄴ가 있는 것으로 성격 규정한 데서 오는 것이다. 양자는 단지 동의의 표명방식ㄴ의 차이에서 구별된 것인데, 거기에 기능상의 본질적ㄴ 차이ㄴ를 부여할 이유가 어디에 있는가?

로크 정치사상의 전체적인ㄷ 맥락ㄷ에서 볼 때, 명시적ㄱ 동의와 묵시적ㄱ 동의가 내용상 서로 구별ㄴ되는 것으로 이해되어야 할 아무런 근거가 없다ㄷ. 따라서 묵시적ㄱ 동의는 그 동의자에게 시민권, 완전한ㄴ 성원의 자격을 부여해 주지 못하며ㄷ, 그것은 오직 명시적ㄱ 동의로써만 가능하다는 진술은 로크 자신의 전체적 입장과 직접적으로 상충ㄷ되는 것이다. 동의에 있어서 중요한 것은 무엇에 동의ㄴ했는가 하는 동의의 내용ㄱ에 놓여 있는 것이지, 그것을 어떤 방식으로ㄷ 표명했는가 하는 형식에 놓여 있는 것은 아니기ㄷ 때문ㄷ이다.

이상의 학습예문을 어떻게 진핵어를 표시하여 학습할 것인가? 학습예문을 진핵어로 표시하면 다음과 같은 예문이 될 것이다. 학습예문에서 밑줄치기를 한 단어에 ㄱ을 붙인 것은 첫 번째 읽을 때 밑줄을 친 단어이고, ㄴ을 붙인 것은 두 번째, ㄷ을 붙인 것은 세 번째, ㄹ을 붙인 것은 네 번째(1단계를 완료한 후에 추가로 핵심어 밑줄치는 경우에 해당)로 읽을 때에 밑줄 친 것을 의미한다. 이 사례의 ㄱ, ㄴ, ㄷ, ㄹ의 적용례는 단지 핵심어 밑줄치기를 하는 방법을 설명하기 위하여 예로 든 것일 뿐이므로, 실제로 이와 같은 똑같은 예문이 있다고 하더라도 독자의 지식 정도, 성격, 가치관에 따라서 다른 단어에 표시하기를 할 수 있다.

실제 학습사례

궁서체로 된 것은 2단계에서 표시한 진핵어이다. 이는 예문으로 든 것이므로 독자에 따라 달라질 수 있어 참고로만 하면 된다.

Practical Learning Cases

실제 학습사례

로크ㄱ의 사회계약론ㄴ

로크의 사회**계약론ㄴ**은 두 가지 ㄱ문제점이 있다. 첫째ㄱ, 사회계약ㄱ의 **역사적ㄴ** 사실성에 관한 문제다. 곧 "상호간에 독립ㄱ되고 평등ㄱ한 일단의 사람들이 함께ㄷ 모여 이런 방법으로 **정부ㄷ**를 시작ㄷ하고 수립하였던 실례ㄴ는 역사상 어디에서도 **발견ㄷ**되지 않는다ㄷ"고 **반론ㄴ**이 제기될 수 있다. 이에 로크는 "정부ㄴ는 어느 곳에서든 간에 기록ㄴ보다 앞선다."라는 말로 대답한다. 로크는 국가ㄱ의 **기원ㄴ**에 관한 역사적 설명에서 최초ㄱ의 정부ㄱ가 **가정ㄴ**에서 시작되었고 처음의ㄷ 지배자ㄷ가 **가부장적ㄱ** 군주였다고 보았다. 그는 "가족의 자연적인 아버지ㄷ가 눈에 띄지 않는 변화ㄴ를 거쳐서 또한 그들의 **정치**

적ㄱ 군주가 되었다."는 사실을 인정하였다. 그가 부정ㄴ한 것은 단지 군주ㄷ가 그 자격ㄱ을 갖는 것이 부권ㄱ에 의한 것이라는 점이다. 부권ㄴ과 정치적 권력ㄷ은 전혀 별개ㄷ의 권력이며, 따라서 아버지가 군주ㄱ로 변신ㄱ하는 것은 오직 "자식들ㄷ의 명시적 또는 묵시적 동의ㄱ"에 의해서 일 뿐이다.

로크는 역사의 초기에 정부ㄴ가 아버지인 군주ㄷ 한 사람의 수중에 있었다는 사실이 자신의 주장, 곧 정치사회의 기원ㄱ은 하나의 공동체ㄴ를 수립하여 거기에 가입ㄷ하려는 각 개인들의 동의ㄷ에 의존한다는 주장을 훼손하는 것은 아니라고 강변한다. 로크의 사회계약ㄷ의 관념은 "하나의 설명장치, 한 사회의 구성원ㄱ들이 마치 상호ㄴ 계약을 맺은 것처럼 행동하지 않고서는 그 사회가 존재ㄱ할 수 없다고 말하려는 하나의 방식"이었다.

두 번째ㄱ 문제는 최초의 국가 설립자들의 후손들ㄷ의 지위를 어떻게 설명할 것인가 하는 것이다. 계약 이론ㄴ이 처한 딜레마ㄴ는, 한편으로 만일 그것이 사회의 기원ㄷ을 설명하기 위한 순수한 역사이론ㄷ으로 간주된다면, 뒷 세대ㄱ의 권리ㄱ에 대해서는 전혀 아무런 의미도ㄴ 갖지 못하게 되어 정치적 의무ㄱ의 설명으로는 무용지물ㄷ이 되어 버리는 반면, 만일 그것을 일차적ㄴ으로 정치적 의무ㄱ의 분석장치로 취급한다면, 그것에서 도출되는 이론적 개인주의ㄱ-누구든지간에 복종ㄷ할 것을 개인적으로 직접ㄱ 동의한 정부가 아니고는 복종할 의무ㄱ가 없다고 주장하는-는 정부 그 자체와 양립ㄷ하기 어렵게 된다는 점이다.

중세이래 동의ㄱ의 개념은 일반적으로 공동체의 유기적 연속ㄴ의 관념과 결부되어, 어느 한 시기에 행해진 동의ㄴ는 당대인들ㄱ 뿐만 아니라 동일사회의 같은 구성원으로서 그 후속ㄱ 세대들도 구속하는 것으로 인식되었다. 그러나 로크의 견해에 의하면, 오늘날 사람들은 비록 어떤 국가 안에서 태어나기는 하지만, 출생ㄷ 그 자체만으로는 결코 어느 국가의 시민ㄴ도 되지 않는다. 그들은 자유ㄴ로운 존재이며, 자유로운 인간인 그들을 한 국가의 구성원ㄷ으로 만들어 주는 것은 오로지 그들의 자발적ㄴ인 동의뿐이다.

그와 같은 동의는 명시적ㄱ 동의와 묵시적ㄱ 동의로 구분되는데 문제ㄴ가 되는 것은 묵시적ㄴ 동의이다. 로크는 "누구든지 어떤 정부의 영토를 어느 일부라도 소유ㄱ하거나 향수ㄴ하는 사람은 모두 그것으로써 묵시적ㄱ 동의를 행하는 것이며, 그리고 그렇게 향수ㄷ하고 있는 동안은 그 정부 밑에 있는 다른 어떤 사람들과 똑같은 정도로 그 정부의 법률에 복종ㄱ할 의무가 있다."고 말한다. 또 영토의 소유나 향수가 자손에게 상속되는 영구적인 소유이든, 불과 한 주일의 체류이든, 또는 단지 공로를 자유롭게 여행하고 다니는 것에 지나지 않든 상관이 없으며,"어느 누가 그 정부의 영토ㄷ 안에 있다고 하는 바로 그 사실"ㄷ 자체도 묵시적ㄱ 동의라고 주장하였다.

묵시적ㄴ 동의만 한 사람은 그가 향수하는 토지를ㄱ "증여나 매각 또는 다른 방법으로" 처분ㄷ만 해 버리면, 언제든지 그 의무에서 벗어나ㄴ 자유롭게 되며 그렇게 되면 그는 어느 다른ㄱ 나라에 가입하여 그 일원이 될 수도, 혹은 다른 사람들과 더불어 미답의 곳에서 새로운ㄱ 국가를 세울 수도 있는 것이다.

그러나 이 묵시적ㄱ 동의는 그를 그 나라의 항구적인ㄴ 국민, 완전한 시민으로 만들어 주지는 않으며 명시적ㄱ 동의만이 사람을 한 나라의 시민ㄴ으로 만들 수 있다. 이것은 그를 그나라에 영원히 결박ㄷ시킨다. 근래 많은 로크 전문가들이 동의 논의와 관련하여 곤혹ㄷ스러워 하는 것은 명시적ㄱ 동의에 대해서이다. 로크의 동의 논의에서 발생하는 오해ㄴ와 혼란ㄴ은 그가 명시적ㄱ 동의와 묵시적ㄱ 동의를 서로간에 본질적ㄴ인 기능의 차이가 있는 것으로 성격 규정한 데서 오는 것이다. 양자는 단지 동의의 표명방식ㄴ의 차이에서 구별된 것인데, 거기에 기능상의 본질적ㄴ 차이를 부여할 이유가 어디에 있는가?

로크 정치사상의 전체적인ㄷ 맥락에서 볼 때, 명시적ㄱ 동의와 묵시적ㄱ 동의가 내용상ㄴ 서로 구별ㄴ되는 것으로 이해되어야 할 아무런 근거가 없다ㄷ. 따라서 묵시적ㄱ 동의는 그 동의자에게 시민권, **완전한**ㄴ 성원의 자격을 부여해 주지 **못하며**ㄷ, 그것은 오직 명시적ㄱ 동의ㄱ로써만 가능하다는 진술은 로크 자신의 전체적 입장과 직접적으로 **상충**ㄷ되는 것이다. 동의에 있어서 중요한 것은 **무엇**ㄴ에 동의했는가 하는 동의의 **내용**ㄱ에 놓여 있는 것이지, 그것을 어떤 **방식으로**ㄷ 표명했는가 하는 형식에 놓여 있는 것은 **아니기**ㄷ 때문이다.

위의 예문에서 밑줄 친 핵심어를 중심으로 하여 표시하면 본래의 학습예문이 이상과 같이 변하게 된다. 즉, 밑줄치기를 한 핵심어와 형광펜 표시나 연필로 둥근 원 표시를 한 단어(진핵어)들이 표시되어 2단계가 끝나는 것이다.

급한 사람은 안정, 꼼꼼한 소유자는 대범

대충대충 하는 성격의 소유자나 꼼꼼한 성격의 소유자나 거의 비슷한 개수의 핵심어 표시를 하게 되는 것이다. 이는 도를 닦는 사람에게서 그 실례를 볼 수 있다. 성격이 급한 사람은 안정된 성격으로 완화되고, 반대로 지나치게 꼼꼼한 성격의 소유자는 대범한 성격으로 중화된다. 결국은, 급한 성격의 소유자나 꼼꼼한 성격의 소유자나 모두 원만한 성격으로 귀결되는 것이다. 유의할 것은, 끈기 있게 되풀이하여 능숙한 학습자가 될 때까지 인내해야 한다. 위대한 것은 인내를 통해 이루어지는 것이다!

시스템학습법의 기본원칙은 3단계까지 최소한 열 번을 반추하여 학습하는 것이다. 핵심어 밑줄치기를 보통은 세 번, 이삭줍기 한 두 번 더 밑줄치기를 하기 때문에 문맥을 완전히 파악할 핵심어를 누구라도 충분히 밑줄치기를 하게 된다. 그래도 혹시 어려움이 있다면 핵심어를 추가로 더 밑줄치기를 하면 문맥을 좀 더 쉽게 파악하는데 도움이 된다. 그래도 어려움이 있으면 필자에게 이메일을 보내시면 도와 드릴 것이다. 이메일은 lp3982830@nate.com이다.

핵심 학습의 중요함

우리의 두뇌는 중심개념이 그것을 둘러싼 수많은 정보를 소생시켜 주는 것이다. 독자는 아스팔트길을 방해 없이 미끄러지듯 온 것이고, 물 흐르듯 핵심어를 밑줄 치면서 편안하게 반추하여 왔다. 그리고 핵심어들을 중심으로 문맥을 묶음으로 이해하면서 반추하다보니 1단계에서 3회, 2단계에서 2회, 합해서 어느덧 다섯 번을 읽게 되었다.

독자는 핵심어를 중심으로 묶음으로 이해한 내용들이 줄줄이 생각날 것이다. 시스템학습법으로 독자가 알게 모르게 두뇌 속에 받아들인 정보는 재래식 학습법에 의한 것보다 엄청나게 많다. 시스템학습법의 가치는 막대한 지식을 독자가 편하고 빠르게 흡수하여 놀라운 지적 자산을 즐겁게 축적할 수 있다는 데에 있다. 일반적으로 지식정보는 서로 유기적으로 연결되어 있기 때문에 중요하고 상관성이 큰 핵심을 파악하면 주변의 내용들도 쉽게 파악할 수 있다.

핵심학습의 원리에 따라 위와 같이 정리된 핵심어와 진핵어들을 중심으로 학습을 전개하면 그 주변에 있는 문맥들이 기억되어 줄줄이 사탕으로 이어지게 되는 효과가 나온다.

야구에서 타자가 투수가 던진 공이 눈에 꽉 차 듯이 크게 보이는 것과 같은 현상이다. 당연히 좋은 타격을 할 수 있듯이 이 단계의 독자는 핵심어만 보아도 앞뒤의 문맥내용이 눈에 확 들어오면서 두뇌에 새겨지게 된다. 독자는 이제부터 학습의 아스팔트길 중에서 고속도로에 진입한 것이다! 재래식 학습방법으로는 이 단계에 오기도 전에 학습자들은 기진맥진하여 중도 포기자들이 속출한다. 재래식 학습은 지독한 의지를 가지고 학습하려고 해도 권태감이 엄청난 중압감으로 전진을 가로막고 있다. 그러니 학습능률이 오를 수 있겠는가?

잠깐!

속담에 "구합은 모자라고 십합은 넘친다"라는 말이 있다. "술은 반 정도 취하고, 꽃은 반 정도 피고, 복은 반 복"이라 했다. "호사다마"라는 말은 행복한 인간에게는 반드시 궂은 일이 생긴다는 말이다. 이 시스템학습법을 실행해 보니 "이거 참 편하군! 좋다, 좋아!" 그런데, 사람들의 잠재의식 속에는 너무 좋기만 하면 불안해지는 모습이 있다. 이 단계에서 좀더 자신감을 가지고 더욱 씩씩하게 나아가야 함에도 자칫 걸림돌로 작용할 수 있다는 것이다.

사실, 뛰어난 인물과 떨어지는 인물의 차이는 작은 차이에서 결정되는 것이다. 평상시에는 그 차이가 별로 없으나 난국을 당했을 때 그 위기를 전력을 다하여 돌파하는 자는 뛰어난 인물로 되고, 위기에서 주춤주춤하면서 타의에 의해서 결단력 없이 나아가지 못하는 자는 결코 평범의 굴레를 벗을 수 없다.

▶ 시스템학습법 2단계 노하우 다시 살펴보기

2단계부터는 핵심어 밑줄치기가 끝난 이후의 게임이 진행된다. 2단계는 1단계에서 3회에 걸쳐 밑줄치기를 한 핵심어 중에서 진짜 핵심어(진핵어)를 골라 표시하는 것이다. 진핵어를 표시하는 과정을 2회 실시한다.

독자는 이제 학습 교재내용에 익숙하다. 2단계는 핵심어 중에서 진핵어만 표시하는 단순한 단계이다. 이미 잡아놓은 물고기(핵심어) 중에서 큰 것만 골라내는 것이므로 1단계보다 훨씬 쉬우며 학습 속도도 훨씬 빠르다. 그래서 고속학습이 이루어지게 된다. 시스템학습법은 심리적 피로감을 최소화하고 두뇌 잠재능력을 발휘되게 한다.

시스템학습법 제3단계

□ 3단계 실천요령

이제는 3단계로서 음미하는 학습

3단계는 5회 연반추로 학습한다. 예문에서 보여주고 있는 것과 같이 핵심어와 진핵어로 이루어진 부분들을 중심으로 학습하되 5회 반복하여 학습한다. 핵심어 또는 진핵어 사이에 있는 다른 문맥들은 핵심어와 진핵어를 학습해 나아가면 저절로 시야에 흡수되어 들어오는 단계에 도달되어 있는 것이다. 그러므로 3단계의 학습은 핵심어와 진핵어를 중심으로 연결하면서 의미가 어떻게 이어지는지, 전체와 어떤 관련이 있는지를 음미하면서 읽으면 된다.

이제 3단계인 마무리만 잘 한다면 독자의 실력은 확고해 질 것이고 앞으로 평생 동안 독자는 학습에 관한 걱정은 할 이유가 없다는 것이 엄연한 사실이다. 3단계 마무리로 들어간다. 3단계는 1단계에서 찾은 '핵심어'와 2단계에서 선택한 '진핵어'만을 대상으로 읽는 과정이다. 이 3단계에서 핵심어, 진핵어간의 의미를 연결시키면서 읽어 나아가면 대부분의 내용을 명확하게 이해할 수 있다. 혹시 이해가 안 되거나 내용이 비약하는 느낌이 있는 경우가 있다. 이는 핵심어를 너무 적게 골랐기 때문이다. 이런 경우는 이해되지 않는 문맥 부분, 내용이 비약한다는 생각되는 부분에서 핵심어를 몇 개 더 선택하면 문제가 해결될 것이다.

▶ 특별한 보완대책!

이 특별보완대책은 이미 언급한 내용인데 3단계가 매우 중요하므로 다시 한 번 3단계를 위해 언급하고자 한다. 1단계에서 3회에 걸쳐 핵심어 찾기를 했어도 핵심어가 부족하다고 느끼는 경우가 있다. 3단계는 핵심어와 진핵어를 중심으로 읽으면 이해되고 외워지는 단계인데 "의미가 단절된 것 같거나, 갑자기 비약하는 것 같을 때"가 있다. 그럴 경우 추가로 핵심어를 1-2회 더 찾는 것이다. 그러면 의미 연결이 잘 되고 문맥 이해가 더 잘 된다.

이러한 특별 보완대책은 특별히 학습을 철저히 해야 하는 분들에게 해당된다. 추가로 1단계 방식으로 1-2회 더 실시해 핵심어를 추가로 밑줄치기하면 3단계는 의미가 잘 연결되고 문맥을 이해하는 것이 더 쉬워져 이해력과 암기력이 높아지고 학습효과가 높이진다. 추가로 핵심어를 찾는 1단계 방식 1-2회의 학습은? 추가 1회는 1시간에 100쪽, 추가 2회째는 150쪽 이상의 속도로 학습할 수 있어 빠르고 힘들 일이 없다.

□ 더 탄탄한 실력이 생긴다

학습하여 이익을 받는 자는 학습자 본인이지 다른 사람이 아니다. 요컨대, 10년을 별 의미도 없이 그저 점수만을 따기 위해서 진정한 학습을 하지 못하고 점수 따기 학습에 헛방을 쳐왔다. 이제 제대로 된 학습으로 10년의 노력을 하는 것보다 더 탄탄한 실력이 생긴다는 것을 상상해 보기 바란다. 이는 매우 경제적인 투자인 것이다. 아낌없이 투자해도 남는 장사이다.

3단계 학습의 실천에서, 1단계에서 핵심어를 너무 적게 고른 사람은 의미의 연결이 너무 건너뛰는 것을 느끼게 될 것이다. 덤벙거리는 분은 필요한 핵심어를 너무 적게 골라 의미가 갑자기 건너뛰어 연결되지 못하는 현상이 나타난다. 그러나 이러한 현상은 너무 걱정할 필요가 없다. 비교적 소수의 사람만이 이러한 현상이 나타날 것이다. 그러한 현상이 나타나면 책 전체에 걸쳐 '특별한 보완대책!'을 실시하거나, 해당 쪽만 핵심어를 중간 중간 몇 개 더 골라 밑줄 치면 의미가 훨씬 잘 연결될 것이다. 그러면, 앞으로 핵심어를 평소보다 좀더 몇 개씩 더 고르게 되어 덤벙거리는 습관이 서서히 고쳐질 것이다. 필자도 이전에 그런 일들이 종종 있었으나 학습이 반복될수록 점차 줄어들어 이제는 신경 쓰지 않아도 저절로 적당히 핵심어를 고르게 되었다. 독자는 아무 염려하지 말고 익숙해질 때까지만 꾹 참고 내가 하라는 대로만 실천하기 바란다.

□ 초고속 드라이브로 가는 길

반대로, 너무 많은 핵심어를 고른 경우는 의미의 연결은 되지만 산만해지는 경우가 있다. 다음부터 핵심어를 고를 때 너무 꼼꼼하게 말고 조금 줄여서 고르면 된다. 3단계에 진입한 독자는 거칠 것 없는 학습의 아스팔트길 중의 초고속도로에 진입한 것이다. 고속도로에서는 그저 차선을 지키고 초고속 속도를 유지하면서 울랄라 흥얼거리며 초고속 행진하는 것만 남아있다.

이 학습법을 처음 적용하려는 독자는 아마 이렇게 질문할지 모른다. "핵심어를 중심으로 읽어간다고 주변의 문장들이 함께 읽어질 수 있을까요? 오히려 주변의 문장들을 전혀 읽지도 못하고 넘어가기 때문에 문맥을 완전히 파악하지도 못하고 대충대충 넘어가게 되는 것이 아닌가요?"

아주 중요하고 좋은 질문을 해 주셨다. 나도 처음에 시스템학습법을 정립해 가면서 묶음으로 읽을 때 그러한 부작용이 발생할 가능성에 무척 신경을 써서 검증을 해 보았다. 결론은 전혀 그러한 염려를 할 필요가 없다는 것이다. 대충대충 하는 성격을 가지신 분은 핵심어를 줄친 부분의 개수가 좀 적을 경우가 있다. 반대로, 꼼꼼한 성격을 가지신 분은 핵심어에 줄친 부분의 개수가 그보다 훨씬 많을 수 있다. 이러한 현상은 일시적인 것이다. 성격이 덜렁덜렁 하듯이 치밀하지 못한 분과 꼼꼼한 분과의 차이가 학습이 계속됨에 따라서 자동적으로 조정이 되어 진다. 대충대충 하시는 성격인 분은 핵심어의 개수를 적게 표시했다는 것을 스스로 깨달으면서 좀 더 많이 핵심어로 밑줄을 쳐 나간다. 꼼꼼한 성격인 분은 핵심어를 너무 많이 표시를 하여 좀 지나친 표시를 했다는 것을 스스로 느끼면서 중요하지 않은 단어는 점차 표시하지 않게 된다.

3단계는 밑줄 친 핵심어와 표시된 진핵어를 중심으로 편하게 학습해 나아가는데 주변의 문맥은 저절로 눈에 들어오는 단계이므로 그저 초고속 진행하면 된다. 이러한 학습을 5회 반복하여 진행하는 것이 3단계의 과정이다. 따라서 독자가 3단계를 마치게 되면 1단계에서 3회, 2단계에서 2회, 3단계에서 5회의 연반추 학습을 한 것이므로 총 10회의 연반추 학습을 완수한 성공자가 되는 것이다!!

시스템학습자들의 두뇌에는 엄청난 지식정보가 놀랄만한 정리과정을 거치며 새겨져 있다는 사실이다. 우리 두뇌는 엄청난 잠재능력을 가지고 있다는 것을 두뇌과학자들이 입증하였다. 우리 모두 누구나 천재적 두뇌능력을 소유하고 있음에도 그것을 활용하지 못했다. 바로 시스템학습법이 독자의 잠재두뇌능력을 제대로 발휘하도록 인도하는 것이다.

잠깐!

시스템학습법은 권태감을 최소화하여 중도에 낙오되지 않도록 프로그램되어 있으므로, 자신을 가지고 나아가도록 하라! 권태의 반대는 쾌락이 아니라 자극이다. 어느 작가는 "권태는 할 일 없는 사람의 지루함이 아니라, 무슨 일이고 한다는 것이 아무런 보람이 없는 것으로 느끼게 되는 고약한 병이다"라고 말했다. 시스템학습법을 통하여 학습이 저절로 되는 것을 알게 되면 독자의 인생은 충분히 살 만한 가치가 있다는 사실을 깨닫게 될 것이다.

Practical Learning Cases

실제 학습사례

로크ㄱ의 사회계약론ㄴ

로크의 사회계약론ㄴ은 두 가지 ㄱ문제점이 있다. 첫째ㄱ, 사회계약ㄱ의 역사적ㄴ 사실성에 관한 문제다. 곧 "상호간에 독립ㄱ되고 평등ㄱ한 일단의 사람들이 함께ㄷ 모여 이런 방법으로 정부ㄷ를 시작ㄷ하고 수립하였던 실례ㄴ는 역사상 어디에서도 발견ㄷ되지 않는다ㄷ"고 반론ㄴ이 제기될 수 있다. 이에 로크는 "정부ㄴ는 어느 곳에서든 간에 기록ㄴ보다 앞선다."라는 말로 대답한다. 로크는 국가ㄱ의 기원ㄴ에 관한 역사적 설명에서 최초ㄱ의 정부ㄱ가 가정ㄴ에서 시작되었고 처음의ㄷ 지배자ㄷ가 가부장적ㄱ 군주였다고 보았다. 그는 "가족의 자연적인 아버지ㄷ가 눈에 띄지 않는 변화ㄴ를 거쳐서 또한 그들의 정치적ㄱ 군주가 되었다."는 사실을 인정하였다. 그가 부정ㄴ한 것은 단지 군주ㄷ가 그 자격ㄱ을 갖는 것이 부권ㄱ에 의한 것이라는 점이다. 부권ㄴ과 정치적 권력ㄷ은 전혀 별개ㄷ의 권력이며, 따라서 아버지가 군주ㄱ로 변신ㄱ하는 것은 오직 "자식들ㄷ의 명시적 또는 묵시적 동의ㄱ"에 의해서 일 뿐이다.

로크는 역사의 초기에 정부ㄴ가 아버지인 군주ㄷ 한 사람의 수중에 있었다는 사실이 자신의 주장, 곧 정치사회의 기원ㄱ은 하나의 공동체ㄴ를 수립하여 거기에 가입ㄷ하려는 각 개인들의 동의ㄷ에 의존한다는 주장을 훼손하는 것은 아니라고 강변한다. 로크의 사회계약ㄷ의 관념은 "하나의 설명장치, 한 사회의 구성원ㄱ들이 마치 상호ㄴ 계약을 맺은 것처럼 행동하지 않고서는 그 사회가 존재ㄱ할 수 없다고 말하려는 하나의 방식"이었다.

두 번째 문제는 최초의 국가 설립자들의 후손들의 지위를 어떻게 설명할 것인가 하는 것이다. 계약 이론이 처한 딜레마는, 한편으로 만일 그것이 사회의 기원을 설명하기 위한 순수한 역사이론으로 간주된다면, 뒷 세대의 권리에 대해서는 전혀 아무런 의미도 갖지 못하게 되어 정치적 의무의 설명으로는 무용지물이 되어 버리는 반면, 만일 그것을 일차적으로 정치적 의무의 분석장치로 취급한다면, 그것에서 도출되는 이론적 개인주의—누구든지간에 복종할 것을 개인적으로 직접 동의한 정부가 아니고는 복종할 의무가 없다고 주장하는—는 정부 그 자체와 양립하기 어렵게 된다는 점이다.

중세이래 동의의 개념은 일반적으로 공동체의 유기적 연속의 관념과 결부되어, 어느 한 시기에 행해진 동의는 당대인들 뿐만 아니라 동일사회의 같은 구성원으로서 그 후속 세대들도 구속하는 것으로 인식되었다. 그러나 로크의 견해에 의하면, 오늘날 사람들은 비록 어떤 국가 안에서 태어나기는 하지만, 출생 그 자체만으로는 결코 어느 국가의 시민도 되지 않는다. 그들은 자유로운 존재이며, 자유로운 인간인 그들을 한 국가의 구성원으로 만들어 주는 것은 오로지 그들의 자발적인 동의뿐이다.

그와 같은 동의는 명시적 동의와 묵시적 동의로 구분되는데 문제가 되는 것은 묵시적 동의이다. 로크는 "누구든지 어떤 정부의 영토를 어느 일부라도 소유하거나 향수하는 사람은 모두 그것으로써 묵시적 동의를 행하는 것이며, 그리고 그렇게 향수하고 있는 동안은 그 정부 밑에 있는 다른 어떤 사람들과 똑같은 정도로 그 정부의 법률에 복종할 의무가 있다."고 말한다. 또 영토의 소유나 향수가 자손에게 상속되는 영구적인 소유이든, 불과 한 주일의 체류이든, 또는 단지 공로를 자유롭게 여행하고 다니는 것에 지나지 않든 상관이 없으며,"어느 누가 그 정부의 영토ㄷ 안에 있다고 하는 바로 그 사실"ㄷ 자체도 묵시적ㄱ 동의라고 주장하였다.

묵시적ㄴ 동의만 한 사람은 그가 향수하는 토지를ㄱ "증여나 매각 또는 다른 방법으로" 처분ㄷ만 해 버리면, 언제든지 그 의무에서 벗어나ㄴ 자유롭게 되며 그렇게 되면 그는 어느 다른ㄱ 나라에 가입하여 그 일원이 될 수도, 혹은 다른 사람들과 더불어 미답의 곳에서 새로운ㄱ 국가를 세울 수도 있는 것이다.

그러나 이 묵시적ㄱ 동의는 그를 그 나라의 항구적인ㄴ 국민, 완전한 시민으로 만들어 주지는 않으며 명시적ㄱ 동의만이 사람을 한 나라의 시민ㄴ으로 만들 수 있다. 이것은 그를 그나라에 영원히 결박ㄷ시킨다. 근래 많은 로크 전문가들이 동의 논의와 관련하여 곤혹ㄷ스러워 하는 것은 명시적ㄱ 동의에 대해서이다. 로크의 동의 논의에서 발생하는 오해ㄴ와 혼란ㄴ은 그가 명시적ㄱ 동의와 묵시적ㄱ 동의를 서로간에 본질적ㄴ인 기능의 차이가 있는 것으로 성격 규정한 데서 오는 것이다. 양자는 단지 동의의 표명방식ㄴ의 차이에서 구별된 것인데, 거기에 기능상의 본질적ㄴ 차이를 부여할 이유가 어디에 있는가?

로크 정치사상의 전체적인ㄷ 맥락에서 볼 때, 명시적ㄱ 동의와 묵시적ㄱ 동의가 내용상ㄴ 서로 구별ㄴ되는 것으로 이해되어야 할 아무런 근거가 없다ㄷ. 따라서 묵시적ㄱ 동의는 그 동의자에게 시민권, 완전한ㄴ 성원의 자격을 부여해주지 못하며ㄷ, 그것은 오직 명시적ㄱ 동의ㄱ로써만 가능하다는 진술은 로크 자신의 전체적 입장과 직접적으로 상충ㄷ되는 것이다. 동의에 있어서 중요한 것은 무

엇ㄴ에 동의했는가 하는 동의의 **내용ㄱ**에 놓여 있는 것이지, 그것을 어떤 **방식으로**ㄷ 표명했는가 하는 형식에 놓여 있는 것은 **아니기**ㄷ 때문이다.

이제 독자는 위 예문의 핵심어와 진핵어들이 부각되어 앞뒤의 문맥을 줄줄 흡수할 수 있는 상태에 있다. 이제는 학습내용을 복습하는 단계인 만큼 실력은 확고해 질 것이고 학습내용은 독자의 지적 소유로 남아있게 될 것이라는 사실이다.

□ 기분 좋은 초고속 드라이브

독자가 잘 닦인 고속도로에서 기분 좋은 초고속 드라이브를 한다고 생각해 보라. 문장의 핵심어와 진핵어만 보더라도 앞뒤의 문맥 내용을 알 만큼 저절로 외워진 상태에 있다. 독자의 학습속도는 핵심어와 진핵어를 중심으로 놀랄만한 초고속으로 나아가게 된다. 참으로 놀랄만한 학습속도인 것이다! 학습 초기에 핵심어 밑줄치기를 하면서 나아갈 때보다 학습진도가 몇 배 빠르게 전진하는 것을 실감하게 된다.

사실, 재래식으로 학습하는 사람들은 한 권의 책을 한 번 독파하는데도 여러 날이 걸린다. 한 권을 제대로 독파하지 못하고 헐떡거리며 끝 쪽까지 가지 못하고 중도 포기하거나 안타깝게 제자리걸음만 하는 사람들이 얼마나 많은가? 사실, 필자 자신도 그러했었다. 다시 복습해서 학습하는 것은 대부분 엄두도 못 낸다. 아주 의지력이 강한 독한

(?) 마음의 소유자들만이 겨우 세 번 정도를 읽는다. 겨우 세 번을 읽고 나서 "이제 이 교재를 마스터하였다!"고 어설픈 큰소리를 치고 있다. 두뇌는 충분히 반추하면서 아껴주고 되돌아보면서 확인해 줄 때만 그 진가를 발휘해 주는 것이다. 이제, 얼마나 경제적인 단계에 왔는가! 학습 진도가 고속도로를 초고속 드라이브하는 것 같다.

이제는, 1단계에서 3회, 2단계에서 2회, 3단계에서 5회의 학습을 하여 합계 10회의 학습을 하였다. 그러므로, 학습내용이 완전히 독자의 지적 소유가 되었다고 생각될 만큼 초고속으로 연반추 학습만 하면 되는 것이다. 3단계를 마친 후에는 추가적으로 학습해도 손해 볼 것은 없으므로 시험에 따라서 융통성을 가지고 복습의 회수를 결정하되, 최소한 10회의 학습은 기본임을 명심하라. 시스템학습법으로 10번을 학습한다고 해도 재래식 학습으로 3번 하는 것보다 시간이 오히려 빨리 끝날 것이다. 에너지도 오히려 적게 들며, 스트레스와 권태감도 거의 없다는 것을 학습자가 실감할 것이다. 가장 중요한 것은 학습내용을 완전히 파악하게 된다는 점이다. 필자도 퇴직하고 나서 금융감독원 시험에서 어려운 시험이라 3단계를 마치고 4번을 추가 학습해 14회 학습하였다.

잠깐 !

물체에 힘을 가하면 힘의 방향으로 가속도가 생긴다. 이 때 생기는 가속도의 크기는 힘에 비례하고 질량에 반비례한다. 이것을 뉴턴의 운동 제2법칙 또는 힘과 가속도의 법칙이라고 하며 우리에게 친숙한 개념이다.

- 뉴턴의 제1법칙 이를 관성 법칙이라 한다. 이 법칙도 우리 학습과 관련이 있으나 3단계는 제2법칙이 직접 관계 있다.

- 뉴턴의 제2법칙 물체의 가속도는 물체에 작용하는 알짜 힘에 직접 비례하여 가속도의 방향은 힘의 방향과 같으며 물체의 질량에 반비례한다. 3단계에 와 있는 독자는 스피드의 환희를 만끽하는 '가속도의 진실'을 경험하게 된다는 사실이다. 오직 가속도 원리에 따라 기쁨을 조절하면 되는 것이다.

- 뉴턴의 제3법칙 작용반작용의 법칙이다.

□ 속도가 10배로?

2단계를 마칠 때까지는 본문을 5번 반복 학습하였다. 3단계는 1회는 1시간에 200쪽 이상을 학습할 수 있다. 3단계는 여러 번 거듭할수록 속도가 점점 더 빨라지기 때문에 1단계 1회 때보다 속도가 훨씬 빨라져 결국 10배 이상의 속도로 학습하는 경지로 나아간다. 이는 3단계 1회 때가 아니라 3단계를 여러 번 하면 그렇게 되는 것이다. 독자는 웬만한 학습 교재를 앉은 그 자리에서 한 권을 손쉽게 독파할 수 있다! 더욱이 3단계에서는 이해가 저절로 이루어지고 저절로 외워지기 때문에 외우려고 안달하지 않아도 된다. 만세! 수 년 동안 재래식 학습의 지긋지긋한 굴레에서 벗어나는 독자가 되었다. 독자는 이제 자유의 몸으로 해방되어 오히려 학습을 즐기는 단계에 도달하게 된 것이다. 앞으로, 독자는 필요할 경우에는 3단계 방식으로 학습을 초고속으로 하면 할수록 더욱더 학습이 즐거워지면서 학습 내용을 완벽하게 습득하게 될 것이다.

점수는 따놓은 당상!

독자는 그 대상이 학교 시험이든, 공무원 시험이든, 어떤 시험이든지 거침없이 정복할 능력이 갖춰진 것이다. 상당한 점수를 더 올리는 것은 걱정 말고 오직 학습에만 열중하라!

□ 3단계가 학습의 꽃이다

시스템학습법에서는 3단계가 학습의 꽃이며 가장 효과가 발휘되는 단계이다. 더 어려운 시험에 대비하는 경우에, 3단계를 마친 학습 교재를 가지고 추가로 학습해야 할 필요가 있을 것이다. 그런 경우는 1단계와 2단계를 이미 거쳤으므로 3단계 방식으로만 학습하면 된다. 3단계는 초고속 학습이다. 그러므로 학습 속도가 매우 빠르며 경쾌하여 즐겁다. 더욱이 이 단계는 이해가 저절로 되고 저절로 외워지는 단계이다. 학습 효과가 가장 좋은 학습의 꽃이라고 말할 수 있다. 실력이 더욱 확고하게 다져지기를 바라는 독자라면 3단계 방식으로만 추가로 더 학습하면 된다. 3단계는 놀라운 학습효과와 더불어 학습 속도도 빨라져 놀라운 실력이 나타나게 된다.

중요한 것은 초심을 잃지 않고 지속하는 것이다. 3단계가 다 끝날 무렵에는 상당히 자신감이 생기고 실제로 웬만한 시험에서 재래식 학습을 한 사람보다 고득점 가능성이 훨씬 더 높다. 그러므로 일반적인 수준에 이르기 위해서는 기본적으로 3단계까지 하면 된다. 하지만 더 확고하고 평생의 실력으로 승화시키기 위해서는 3단계를 완료한 후에 할 일이 있다. 이는 3단계 방식으로 가능한 한 여러 번 추가하여 학습하면 확고한 실력 향상이 이루어질 것이다. 이것은 절대로 낭비가 아니다. 이것은 좀 더 뛰어난 실력을 갖추는 데 매우 중요한 정보이므로 꼭 실천하기 바란다. 그래야 어떠한 시험 준비를 하더라도 더 풍부하고 자신감이 있고 알찬 점수를 확보할 수 있게 될 것이다.

잠깐 !

시스템학습법은 아스팔트길로 독자들 안내하는 학습법이다. 그동안 재래식으로 학습해 온 것은 비포장 자갈길을 지나 온 것에 비유할 수 있다. 독자는 두뇌 능력이 충분히 발휘되도록 의식과 잠재의식에 이중삼중 학습내용이 새겨져서 안달하지 않아도 저절로 기억되게 되어 있다. 다시 말하면 시스템학습법에 참여하는 분들은 특별한 사정이 없는 한, 성공자가 되는 것이다.

어느 유식한 듯한 혹자는 말한다. 결국 시스템학습법은 교재의 과정을 10번 정도 반복하는 것인데 뭐 그것이 그리 대단한가? 참으로 답답하다. 기존의 재래식 학습법으로는 악착같은 사람 빼고는 도중에 포기하게 되어 있다! 재래식 학습법은 학습자의 의지력이 너무 많이 요구되고 시간이 엄청 많이 요구되며, 학습 성과를 학습자가 별로 느끼지 못하기 때문에 의욕이 확 꺾인다.

3단계는 초고속단계이다. 즉, 1단계는 쾌속단계, 2단계는 고속단계, 3단계는 초고속단계로 학습을 하게 된다. 단계마다 학습방법이 변화가 있어 단조로움을 극복할 수 있다. 단계마다 학습속도가 변화하며 더 빨라지기 때문에 학습이 더 즐거우며 학습속도가 빨라질수록 집중력은 더 높아지게 된다. 진행될수록 이해도가 높아지고 기억의 심도가 더 강화되어 실력이 늘어나는 것을 실감한다. 실제로, 시험을 볼 때 높은 점수가 나올 수밖에 없는 과학적인 학습법인 것이다.

3단계에서, 핵심어와 진핵어를 연결해가면서 그 의미를 살펴 음미한다. 3단계가 가장 중요한 단계이며 농사로 말하면 '추수'하는 단계라고 말할 수 있다. 3단계는 마치 기계로 추수하는 것 같이 가장 쉽고 가장 빠른 단계의 학습이다. 3단계를 거의 마칠 즈음이 될 때에 이해가 되며 암기가 이루어지게 된다. 만약, 책의 내용이 어려운 내용이고 좀 더 확고한 암기가 필요한 내용이라면 1단계와 2단계는 앞으로 필요가 없으므로 3단계 방식으로만 추가해서 더 학습하면 된다. 그러면, 이해도와 암기력이 갈수록 더 향상될 것이다. 요컨대, 학습의 효과는 3단계에서 비로소 이루어진다.

▶ 시스템학습법 3단계 노하우 다시 살펴보기

이제는 3단계로서 끝마무리이다. 3단계 학습 방법만 제대로 할 줄 알게 되면 평생 독자는 학습에 관해서는 걱정할 이유가 없다!

□ 속도가 10배!

2단계까지 5번 부드러운 반복학습을 하였다. 3단계에서 5번 반복학습하므로 총 10번 학습을 한 셈이 된다. 재래식 학습자로서 10회의 학습을 할 수 있는 사람은 극히 드물다. 심리적으로 거의 불가능에 가깝다! 어려운 국가고시에 목을 매고 달려들고 있는 수험생의 경우에는 어쩔 수 없이 해야 하지만, 시스템학습자인 독자와 겨룰 수는 없을 것이다. 어려운 시험이라면 독자는 3단계까지 10회만이 아니라 추가로 학습할 것이므로 훨씬 유리한 입장에 서게 된다.

더욱이 스트레스가 없이 학습하기 때문에 즐겁고 학습 효과는 재래식보다 훨씬 더 뛰어나 시간적으로도 경제적인 학습을 하게 된다. 이제부터는 자유자재로 실력을 배가할 수 있다. 독자는 재래식으로는 못할 위업을 달성한 '천재'로 변신해 있다. 학습의 왕도, 천재의 길를 걷는 것이다.

□ 점수 걱정은 필요없다!

어떤 시험이든 시스템학습자는 거침없이 정복할 능력이 갖춰졌다. 상당한 점수를 더 올리는 것은 따 놓은 당상이다! 쑥쑥 실력이 불어나는 것을 독자는 실감하게 될 것이다. 주의! 관성의 법칙, 무서운 습관이 독자를 유혹할 것이다. 교재를 새로 시작할 때, 시스템학습법을 외워서 하지 말고 이 책을 다시 보라!

잠깐 !

인간은 정보를 선택적으로 받아들여 처리한다. 자신에게 의미 있는 정보만을 선택적으로 받아들이는 '선택적 지각' 현상을 '칵테일 파티 효과'라고도 부른다. 소란스런 칵테일 파티장에서 자기 이름을 부르는 소리가 들리는 것도 일종의 선택적 지각 현상인 것이다. 시스템학습법에서 핵심어, 진핵어가 선택적 지각현상의 대상이 되어 학습효과를 얻게 되는 것이다.

07

학습하는 문화의 저력

문화란 많은 사람들이 관습적인 행태를 나타내는 인간 생활방식이다. 징기스칸 당시 몽골의 문화가 패기와 정복, 군사적인 우세를 형성하였기에 상당 기간 전세계를 정복하는 힘을 가질 수 있었다. 학습이 문화로 정착된다는 것은 매우 의미 있는 것이다. 학습하는 문화를 형성하는 것은 매우 어려운 것이지만 그것이 이루어질 때 엄청난 저력을 발휘하는 원천이 된다.

시카고대학교 심리학 교수 미하이 칙센트미하이는 "창의성이란 문화 속에서 어떤 상징영역을 변화시키는 과정을 의미한다. 창의성을 발휘하기 위해서는 집중력에 여유가 있어야 한다. 창의성은 정신 활동으로서 통찰력이다. 재능은 뛰어난 소질을 보이는 천부적인 능력을 말한다"라고 말한다.

요즈음, 코로나19 사태로 전세계가 아우성이다. 한국인들이 엄청 교육에 관심이 많고 많은 학습을 하는 것으로 알려져 있는데 젊은이들의 실업 문제, 중년들의 실업 문제는 끊이지 않는다. 지금까지 받아온 교육과 학습이라는 것은 재래식 학습법에 의해 점수 따기에 급급한 것이었다. 요컨대 난국을 헤쳐나갈 저력이 없다.

학습은 통찰력, 창의력, 개척 정신을 꽃피울 수

학습은 지식을 넘어 통찰력, 창의력, 개척 정신을 꽃피울 수 있는 원천이 되어야 한다. 점수 따기 학습은 이러한 원천이 되기 매우 어렵다는 사실이다. 우리는 다시 생각해야 하지 않을까? 필자가 시스템학습법을 자부심 갖고 권하는 것은 학습이 정신력과 실력을 향상시키기 때문이다. 바로 통찰력, 창의력. 개척 정신으로 이어지는 원천이다.

칙센트미하이에 의하면, 수학의 천재성은 20대에, 물리학의 천재성은 30대에 절정에 이를 수 있지만 위대한 철학은 대개 생의 후반에 성취된다고 한다. 독자가 이 책을 읽으면서 무엇을 느꼈는가? 나이? 시스템학습법은 나이와 그리 관계가 없다. 필자 나이 70살이 가까움에도 2일에 책 한 권을 10회씩 읽는다는 것은 무엇을 의미하는 것인가? 무엇이든 배울 수 있고 무엇이든 창의적으로 남들과 다르게 삶을 개척할 수 있다는 의미가 있는 것이다.

진정한 학습의 문화가 형성되는 것이 어떤 인프라 건설보다 중요하다. 다만 진정한 학습 문화를 형성하는 것이 너무 어렵다. 가능하다 해도 시간이 너무 오래 걸리는 과제이기에 사람들은 엄두도 내지 못하는 것이다. 환경이 어떻든 우리는 "내일 멸망한다고 해도 오늘 사과를 심는다"는 정신 자세가 필요하다.

베르디는 80살에 최고 걸작을 작곡

심리학자 도널드 켐벨은 “새로운 발견을 하는 학자와 그렇지 못한 학자의 차이는 호기심의 차이”라고 강조한다. 칙센트미하이는 “영역을 변화시키려면 먼저 그 영역을 철저하게 이해해야 한다. 창의적인 해결책은 지식을 활용할 필요가 있다”라고 말한다. 노벨상 수상자 라이너스 폴링은 제자들에게 “많은 생각을 하고 그 중에서 나쁜 것을 버리게”라고 충고했다. 당시 91살의 라이너스 폴링은 70-90살 사이에 이전 20년보다 두 배나 많은 논문을 발표했다. 베르디는 80살에 그의 최고 걸작 중 하나인 ‘폴스타프’를 작곡했다.

“내일 죽는다 해도 오늘 사과를 심는다”는 필자의 생각은 라이너스 폴링이나 위대한 작곡가 베르디의 사례에서도 볼 수 있다. 삶에서 어린이 같은 호기심을 잃지 않고 사는 사람은 매일이 의미가 있다. 그저 연명하는 노후의 삶이 아니라 정신적으로 활력이 솟아나고 무언가 생각하는 삶이 필요하다. 남에게 짐이 아니라 도움을 줄 수 있는 사람이 참으로 가치 있는 삶이다.

열정만으로는 부족하고 전문지식이 필요

스탠퍼드대학교 의과대학 신경과학박사 티나 실리그 교수는 “창의성은 끝없는 재생자원이다. 연결하고 조합하는 능력은 혁신에 필수적이며 창조적 사고방식의 핵심이다. 창의성은 지식, 상상력, 태도에 의해 영향을 받는다. 지식은 상상력의 연료다. 독창적인 태양열 자동차를 설계하고 싶거나 암 치료법을 찾고 싶다면 공학이나 생물학의 지식 기반에서 시작해야 한다"라고 말한다. 열정만으로는 부족하고 관련 전문지식이 필요함을 지적한 것이다.

실리그에 의하면, 상당한 지식을 갖고 있으면 문제를 해결할 때 참신한 관점을 제공한다. 지식을 연료로 사용한다면 당신의 상상력은 끝없는 재생자원이 된다. 더 많은 지식을 가질수록 동원할 자원이 더 많아진다. 지식은 자원에 접근하게 해준다. 위대한 창의자들은 지식과 상상력과 태도를 사용해 창조성을 발휘했고 환경, 문화, 자원을 이용했다. 창의성은 관찰하고 배우는 능력을 연마할 때 강화된다.

실리그는 매우 중요한 점을 지적하고 있다. 실리그는 "독창적인 태양열 자동차를 설계하고 싶거나 암 치료법을 찾고 싶다면 공학이나 생물학의 지식 기반에서 시작해야 한다"고 말했다. 직장 생활이 힘들어 도중에 그만두고 많은 젊은이들이 창업에 뛰어드는 경우를 볼 수 있다. 그 젊은이가 뛰어드는 분야에 '전문적인 지식, 전문적인 기술'을 갖추고 있지 않다면 위험하다. 그것은 파멸로 가는 빠른 길임을 명심해야 한다. 더욱이 그 사업을 이끌어갈 만한 '충분한 정신력'를 갖추고 있지 않다면 좌절에 견디기 어려울 것이다.

그럼에도 무언가 홀린 듯, 남과 그리 차이도 없는 젊은이들이 "노력! 도전! 개척!" 등의 구호와 함께 창업하는 경우를 종종 본다. 얼마

후에 그 창업자의 모습은 보이지 않는 경우를 나는 많이 보아 왔다. 학습이 왜 중요하다고? 그것이 일시적인 유행이 아니라 지속적인 상황이 되는 것이 '학습하는 문화'이다. 삶은 그리 심각하거나 어려운 것은 아니지만 필수적 요소가 없으면 어렵고 힘들어진다. 그래서 삶을 포기하거나 막가는 인생이 되는 것이다.

타고난 재능보다 열정과 끈기

펜실베니아대학교 심리학 교수 앤절라 더크워스는 "나는 성공은 타고난 재능보다 열정과 끈기에 달려 있다는 확신을 갖고 있다. 웨스트포인트 육군사관학교를 졸업하기까지 수많은 난관이 있는데 입학생 5명 중 1명은 중퇴한다. 절대 포기하지 않는 태도를 유지한 생도만이 졸업한다. 사회에서 성공한 사람들은 끈질기다는 특징이 있다"라고 말한다.

더크워스에 의하면, 끈기가 열정과 결합할 때 그 열매를 맺는다는 것이다. 재능도 중요하지만 노력은 그 두 배로 중요하다. 사회학자 댄 챔블리스는 "최상급 기량은 주의 깊은 연습을 통해 습관으로 만들고 작은 기술들을 종합해서 나온 결과물이다"라고 말한다. 재능은 노력을 기울일 때 기술이 향상되는 속도를 말한다. 성취는 재능과 노력 두 가지가 결합될 때 이루어질 수 있다.

더크위스는 '그릿'의 저자이다. 필자는 그 저서를 10회 이상 읽으면서 큰 감동을 받았다. 그 정도의 끈기와 열정을 유지한다는 것이 얼마나 어려운 일일까? '학습하는 문화'가 독자에게 습관으로 되어 있다면 그리 어려운 일이 아니라는 것을 알 것이다. 필자는 1999년 명퇴 후에 직장에서 연락을 받았다. 간부로 명퇴를 했으니 사무실에 나와 '간단한 일거리'를 수행하면 생활비 정도의 보수를 받게 된다는 연락이었다.

명퇴 후 수십 년을 살아야

필자는 "이제 명퇴를 해서 앞으로 수십 년을 살아야 하는데 일시적으로 생활비를 받는 것이 나에게 무슨 힘을 줄 것인가?"를 생각했다. 별 의미가 없는 제안이라고 판단해 사양했다. 그리고 지금처럼 매월 15권 시스템학습법으로 학습을 시작했다. 재직 시에 월 4권을 10회 학습하던 것이 100% 완성된 시스템학습법으로 학습하니 나 자신도 놀라는 학습량으로 늘어났다. 명퇴 1개월이 지났을 때 즉 1999년9월 유럽에서 도입한 '손해보험중개인'시험이 있게 된다는 정보를 얻었다.

금융감독원에서 12월에 시험을 본다고 하는데 합격하면 보험중개회사를 설립할 수 있는 면허이고 유럽에서는 매우 수입이 많은 자격증이라는 것이다. 시험과목은 6과목 정도, 교재를 각 과목별로 여러 권씩 구입하니 약3,000쪽이 되었다. 12월에 시험이니 90여 일이 남았다. 필자는 100% 시스템학습법으로 본격적인 학습에 들어갔다. 시험 전날까지 필자는 14번을 학습했다. 시험응시자 1,200여 명 중에서 120명을 뽑는데 필자는 1등으로 합격했다.

이듬해인 2000년 금융감독원에서 생명보험중개회사를 설립할 수 있는 '인보험중개인'시험이 공고되었다. 120명을 선발하는 손해보험중개인보다 적은 50명을 선발하는 시험이니 더 어렵다는 것이다. "어렵다??" 나는 실험해보기로 했다. 시험과목은 다르지만 과목 수와 분량도 비슷했다. 3,000쪽 정도의 수험교재들을 구입하여 시스템학습법으로 '울랄라'를 부르며 학습했다. 750명 정도의 응시자들 중에 50번째로 합격하면 '대성공!'. 나는 3등으로 합격하였다는 확인을 했다. 필자는 즉각 보험중개회사를 차리는 것보다 우선 경험을 얻고자 모 보험회사에 적을 두고 보험사업을 시작했다. 1년만 경험하려 한 것이었다.

2000년8월 시작된 필자의 보험사업은 어느 회사 대표를 만나 엉뚱한 반응을 얻으면서 방향이 수정되었다. 당시는 IMF 후유증으로 특히 자동차 관련 업체들이 어려움을 겪었다. 대우자동차, 기아자동차가 가동이 중단된 상태였다. 필자가 1년간 예정으로 시작한 보험사업은 난관에 처한 것이다. 필자는 은행 근무 중에 기업분석부에 근무하면서 기업을 분석하는 업무와 기업들을 경영지도하는 일도 했다. 또한 나름의 학습으로 든든한 정신적 자산 즉 정신력과 실력을 갖추고 있었다. 이를 근거로 각 기업체들에게 '교육'을 시작했다. 교육 테마는 "1 정신개혁 2 업무능력혁신 3 시스템학습법 4 SR외국어학습법 5 융화능력향상" 등으로 정하여 시작했다. 1년간 경험 기간을 활용하고자 한 것이다.

2일에 1권을 10회 학습하는 필자의 강의는 많은 기업의 임직원들에게 '놀라움'이라는 반응으로 나타났다. 매월 15권을 10회씩 학습하는 사람은 교수들에게서도 볼 수 없었는데 평범한 직장인 출신이 그렇게 하고 있다는 것이니까. 1년간 예정하였던 보험회사의 일은 'SR경쟁력 프로그램' 교육으로 전환되었다. 나의 교육사업은 기업들의 호응으로 계속 이어져 지금까지 20년을 넘어 지속되고 있다. 교육은 기업 임직원들, 단체들, 교수들, 개인들에게도 제공되었다. 상황이 이리저리 변할 때 그에 적응하는 능력, 통찰력, 창의력 등은 삶에서 지식보다 더 중요하다. 필자는 이를 뒷받침하는 것이 바로 학습이라는 것을 실감하게 되었다.

난독증 환자가 놀라운 성공

작가 존 어빙은 난독증으로 공부를 잘할 수 없었다. 그는 열 권이 넘는 소설을 썼으며 대부분 베스트셀러였다. 어빙은 매일매일 노력한 끝에 뛰어난 문장력에 다작하는 유명작가가 되었다. 뛰어난 능력을 보유하기 위해서는 흔들림 없는 집중력이 필요하다. 난독증 환자가 어빙과 같은 놀라운 성공을 거둔 사례는 매우 드물다. 어빙이 매일 학습을 하지 않았다면? 그저 장애가 있는 고달프고 힘든 인생을 살았을 것이다. 어빙의 성공은 말이 필요없다. 학습이 요인이라는 단순한 사실이기 때문이다.

미국의 심리학 개척자였던 윌리엄 제임스는 "모든 일을 시작할 때 매일 새로 결정해야 하는 사람보다 가련한 인간은 없다"고 말했다. 습관은 작업을 수월하게 시작하게 해준다. 역경 앞에서도 포기하지 않는 태도가 중요하다. 심리학자 캐럴 드웩에 의하면, "실패를 자신의 능력이 없다는 증거가 아니라 더 노력해야 한다는 신호로 해석"한 사람들은 성장 가능성이 높다고 한다. 이들은 성장형 사고방식을 가진 사람들이며 그렇지 않은 사람들은 고정형 사고방식을 가지고 있다는 것이다. 우리는 몇 번이고 다시 일어나서 배우고 성장해야 한다. 탁월한 농구 코치 존 우든은 "성공이나 실패보다 중요한 것은 용기이다"라고 말했다.

윌리엄 제임스의 말처럼 매일 결정할 필요 없이 매일 '학습하는 습관'이 형성되면 그 삶은 탄탄대로 아스팔트길이 된다. 누구도 그런 사람을 무시하거나 업신여길 수 없는 정신력과 실력을 갖추기 때문이다. 심리학자 캐롤 드웩이 지적한 점은 매우 의미심장하다. 드웩은 "몇 번이고 다시 일어나서 배우고 성장해야 한다"고 말했다. 학습하는 문화는 위대한 것이다. 다시 배우고 성장하는 마당을 깔아주기 때문이다. 우리는 내일 죽을지 모르는 삶을 살면서 그저 매일 걱정하는

데 온 신경을 쓰는 사람이 많은 것 같다. 그런 걱정보다 오늘 한 권이라도 책을 읽고 또 읽어서 학습하는 문화에 젖어든다면 삶의 저력을 얻게 될 것이다.

생각할 줄 아는 두뇌의 힘

중국계 미국인 쑤린은 유태인들의 학습 문화를 연구한 사람으로 이름을 얻었다. 쑤린은 "미국의 유태인 100만 가구 중 약 90만 가구가 중산층이며 유태인 중산층 소득이 미국 다른 계층 소득의 두 배 정도이다. 유태인의 독특한 마인드가 돈을 벌게 하는 것이다. 그들이 거부가 된 것은 끊임없이 생각할 줄 아는 두뇌의 힘 때문이다. 유태인은 남들이 생각하지 못하는 생각을 한다. 그들은 스스로 생각하고 지혜로 사고하는 것을 중시한다"라고 말한다.

유태인들은 남들과 다른 장점을 추구하며 이는 차별화의 기반이 된다. 유태인은 고객에 대한 서비스가 첫째이고 이윤 추구는 둘째라고 생각한다. 그들은 먼저 '좋은 마음의 자세'를 갖는 것을 중시한다. 유태인들의 근검절약하는 자세는 실용주의적 개념으로 이어진다. 복싱선수 마이클 타이슨은 20년 동안 5억 달러를 벌었는데 재산을 제대로 지키지 못해 결국 파산신청을 했다. 유태인에게 그런 일은 거의 없다. 유태인 사회에서는 거지를 찾아볼 수 없고 살인, 약탈, 주취, 구걸 등의 행동이 용납되지 않는다.

유태인은 배우는 용기를 높이 평가한다. 그들에게서 강인한 정신력과 불굴의 의지를 볼 수 있다. 그들은 자신을 낮춰 생존하는 지혜를 배운다. 지혜의 승리인 것이다. 중세시대에 여러 나라에서 추방된 유태인들을 네덜란드 당국은 조건부로 네덜란드 거주를 허가했다. 유태인들은 풍부한 학식과 기술로 연고관계와 인간관계를 맺었다. 유태인이 경제에 없어서는 안 될 존재였기 때문에 네덜란드는 그들을 존중하게 되었다. 네덜란드의 발전은 네덜란드에 유태인들이 들어와 그들이 무역과 재정 분야에서 활동한 것과 때를 같이 한다.

영국은 자국의 경제적 번영에 도움을 줄 사람들이 바로 유태인들임을 알아차렸다. 이전에 유태인들은 영국에서 추방당하였지만 이제는 영국이 유태인들에게 와 달라고 요청했다. 유태인들이 영국에 이주하고 나서 얼마 뒤 영국은 네덜란드에 도전하게 되었고 마침내 유럽 제일의 무역국이 되었다.

학습에 열중하는 사람들은 정신력과 실력이 끊임없이 향상되기에 사회에서 필요로 한다는 사실이다. 독자는 사회가 필요로 하는 정신력과 실력을 갖추고 있는가? 이는 "학습을 하는가?"와 같은 말이다.

청교도 정신이 유태주의적인 성격

유태인은 수학, 생물학, 화학 등 많은 학문 분야를 개척했다. 유태인 경제학자 데이비드 리카도는 지대와 부동산, 임금에 관한 이론 및 화폐론 등을 발표했다. 유태인 과학자들이 처음으로 인디고를 합성하여 프탈레인 염료를 발견하였고 암모니아의 합성에 성공했다. 유태인들이 아메리카에 급속히 동화된 것은 뉴잉글랜드의 청교도 정신이 유태주의적인 성격을 갖고 있었기 때문이다. 1650년경부터 유태인 이민들이 미국으로 왔다.

유태인 사회에는 범죄나 성병이 거의 없었다. 문맹이나 사생아는 물론 남편에게 버림을 받은 여자도 없었다. 가정에는 책들이 있었다. 유태인 자녀들은 공부를 잘해 좋은 성적을 올렸다. 유태인 허버트 레만은 뉴욕 주지사를 네 차례나 역임했다. 아돌프 옥스는 뉴욕 타임즈지를 창간했다. 유태인 음악가 중에는 피아니스트 호로비츠, 루빈스타인, 지휘자 레너드 번스타인 등이 있다. 유태인들은 평생에 걸쳐 자신을 끊임없이 성장시키는 일이 진정한 교육이라고 믿는 것이다. 'learn'은 수동적으로 배우는 것이고, 'study'는 능동적으로 스스로 하는 것이다. 시스템학습법은 'learn'이 아니고 'study' 즉 능동적으로 학습하는 것이다. 유태민족은 스스로 학습하고 창의력을 중요시한다.

'토라'는 모세5경이고, '탈무드'는 토라의 실천방법을 둘러싼 규범, 해석, 논의, 토론 등이 수록된 법전이다. 탈무드는 원문이 5,000쪽 이상이고 단어 수도 250만 여 개에 달한다. 유태인 중에 부자가 많은 이유는 부자의 사고방식 즉 철학을 가지고 있고 실천하기 때문이다.

그 실천의 기본 덕목은 “부자가 되기를 원한다면 베풀어라”이다.

유태인 상인이 해서는 안 되는 세 가지

탈무드에서는 유태인 상인이 해서는 안 되는 세 가지를 말한다. 첫째, 과대선전을 하지 않는다. 둘째, 값을 올리기 위해 저장해두지 말 것, 셋째, 계량을 속이지 말 것 등이다. 탈무드에 의하면 유태 상인은 좋은 품질의 상품만을 팔아야 한다. 유태인은 머리나 능력을 비교하지 않는다. ‘베스트’가 아닌 ‘유니크’를 지향한다. 탈무드는 경전을 해석하고 토의하고 주해한 것이다. 탈무드는 미쉬나와 게마라로 구성된다. 미쉬나는 주로 율법에 대한 상세한 설명을 담고 있다. 게마라는 토론, 논쟁들을 담고 있다.

유태인 기업가들은 항상 검소했고 절약을 생활화하였다. 이들은 은행 자금에 의존하지 않는 무차입 경영을 추구한다. 가정은 검소하고 조심스러움을 존중하는 생활양식을 중시해 왔다. 탈무드는 부유한 집의 부인도 스스로 집안일을 해야 한다고 가르친다. 유태인의 사생활에 사치란 없다. 유태인들은 신용을 잃으면 파멸한다는 것을 알고 있다. 정확하지 않은 저울을 사용하는 것은 금지된다. 조작된 저울을 사용하는 것은 간통보다 더 중한 죄로 여겼다. 그들은 비즈니스에서 깨끗하고 동정심이 풍부하며 정직하고 신뢰할 수 있다. 세익스피어의 ‘베니스의 상인’에 나오는 유태인은 창작이며 실제가 아니다.

유태인 사업가 퓨어스타인은 보스턴 교외 섬유생산단지에 '몰든 밀'을 소유하고 있었다. 1985년12월 공장은 화재를 당하여 완전히 문을 닫을 지경이 되었다. 70세의 퓨어스타인은 90년 역사를 가진 자기 가족의 사업을 재건하기로 했다. 그는 복구작업이 완수될 때까지 3,000명 전직원에게 급여와 의료보험을 계속 지급했다. 퓨어스타인은 화재보험회사에서 보험금으로 3억불을 지급받은 상태였다. 그 돈으로 여생을 평안하게 보낼 수도 있었다. 미국의 언론들은 퓨어스타인의 선행을 보도하였다.

유태인은 "비즈니스에서 룰을 무시하는 사람과는 절대 손을 잡지 말라"는 것을 철칙으로 한다. 그들은 조크의 가치를 높이 평가한다. 유태인인 아인슈타인은 "내게 있어서 최대의 학교는 조크였다"라고 말했다. 웃는 여유는 중요하며 머리를 단련시킨다. 유태인 사회에서 남자들은 모두 글을 읽을 수 있었다.

유태인들은 나이가 들어도 최대한 현직에서 활동한다. 유태인 키신저는 독일 출신으로 1923년생이다. 그는 미국 국무장관을 지냈는데 90대의 나이에도 현역에서 활동하며 대통령에게 조언을 주기도 했다. 인생의 마지막까지 학습을 하면서 현직에서 제 역할을 하는 것은 위대한 문화이다. 유태인들의 생명력은 바로 학습하는 정신, 학습하는 문화에서 비롯되는 것이다.

08

탁월한 학습 모범

고트프리트 라이프니츠

독일의 수학자이자 철학자인 고트프리트 라이프니츠는 1646년에 태어나 70세에 세상을 떠났다. 라이프치히 대학에 입학한 라이프니츠는 "혼란스러운 경우에 대한 연구"라는 논문을 제출하였는데 "대단히 훌륭하다"는 평가를 받았고 박사학위를 취득하였으며 법학교수직을 제안 받았다.

대학교수직을 사양한 라이프니츠는 통치자인 선거후의 외교 및 법률 담당으로 일했으며 훌륭한 행정가였다. 그는 계산기를 만들어 낼 정도로 손재주가 있었다. 그는 논리학과 순수 수학의 대가였으며 세계적인 학자로 성장했다. 라이프니츠는 무한급수와 미적분 개념을 발전시켰고 스스로 자신의 연구 성과를 "고등수학의 혁신"이라고 칭하였다.

미분은 특정 순간에 어떤 값이 다른 값에 대해 어떤 비율로 변화하는지 알아내는 것이고 적분은 미분의 반대 개념으로 물체의 무게 중심, 회전하는 물체의 관성 모멘트나 부피 등을 구하는 데 사용된다. 뉴턴도 1660년대에 무한급수 방법론을 개발하고 미적분학을 내놓았다. 라이프니츠는 베르누이와의 서신에서 뉴턴의 권리주장에 반박하였는데 그는 "뉴턴은 유율법이란 것을 알았지만 그가 유율법을 종합해 미적분 체계로 만든 것은 우리보다 훨씬 뒤의 일이네. 나는 그에게 최대한 예의를 갖추었지. 그런데 바로 이것이 그 친절의 대가인 셈이군"이라고 말했다.

뉴턴은 나이가 들어 분노와 변덕스러운 성격을 가졌는데 용서를 모르는 사람이었다. 라이프니츠는 1716년에, 뉴턴은 1727년에 세상을 떠났다. 40여 년에 걸친 뉴턴과 라이프니츠의 싸움은 결국 무승부였다. 오늘날 전세계에서 사용하는 것은 라이프니츠의 표기법이다. 두 사람의 기본적인 차이는 그 사용의 용이함이었다.

라이프니츠는 당시의 대표적 학자였다. 광범위한 지식을 갖춘 그는 법률가였고 베를린 학술원의 의장직을 역임했다. 그는 라이프치히대학의 윤리학 교수였던 아버지의 영향을 받았다. 라이프니츠는 거의 모든 지식을 혼자서 습득했다. 그는 철학자, 수학자, 물리학자, 정치가, 외교관 등 다양한 활약을 했고 계산, 논법, 이진법, 철학, 정치이론, 지질학 가설, 운동 에너지 공식까지 새로운 이론들을 내놓았다. 라이프니츠는 인간 스스로 인식하지 못하는 지각이 존재한다고 주장하며 이를 '미세 지각'이라고 불렀다. 인간이 무의식적이고 충동적으로 행동하는 이유가 그것 때문이라고 주장했다.

라이프니츠는 계산기와 잠수함의 설계에 성공했다. 근대 컴퓨터에서 사용되는 숫자와 체계는 그에 의해 발명되었으며 그것을 '이진법 산수'라고 한다. 서양에서 이진법을 처음으로 고안한 사람은 라이프니츠였는데 그는 이미 오래 전에 동양에 이진법이 있었다는 사실에 놀랐다.

아리스토텔레스 이후 최대 박학한 철학자

라이프니츠는 끊임없이 공부했고 사색하고 글을 썼다. 그는 아리스토텔레스 이후 최대의 박학한 철학자로서 철학뿐만 아니라 법학, 역사학, 정치학, 수학, 물리학, 신학, 언어학 등에 훌륭한 업적을 남겼다. 그는 10살이 되면서 그리스어, 라틴어도 구사했고 후에 논리학에서 커다란 수확을 거두었다. 어린 라이프니츠는 아버지의 도서관에서 책들을 찾아 읽었다. 대학에서 그의 전공은 철학, 라틴어, 그리스어, 수학이었다. 그는 22살에 법학박사 학위를 취득했다.

라이프니츠는 "책에 있는 단어들을 읽고 불분명한 것들에는 별로 신경을 쓰지 않고, 또 전혀 이해할 수 없는 데는 뛰어넘어갔다. 내가 반복해서 이런 식으로 책 전부를 대충 읽은 다음, 얼마 후에 이런 식으로 처음부터 다시 하니까 훨씬 이해가 잘 되었다. 점점 내용들이 훨씬 분명해지고 더욱 깊은 의미를 찾아낼 수 있게 되었다"라고 말했다. 라이프니츠는 이런 천재적인 독서기술을 일생 동안 구사했다. 독자는 라이프니츠의 독서 기술이 기본원리에서 시스템학습법과 매우 흡사하다고 느껴지지 않는가? '이해하든 말든, 외워지든 말든 반복 학습하는 것'이 그것이다.

리처드 파인먼

위대한 물리학자로 평가받았던 리처드 파인먼은 1918년 뉴욕에서 출생하여 1988년 사망했다. MIT를 졸업하고 프린스턴대학원 물리학 박사학위를 받았고 원자탄 제조사업에 참가하였으며 코넬대학 교수를 거쳐, 캘리포니아 공대 교수로 있었고 노벨물리학상을 받았다.

유클리드는 "기하학에는 왕도가 없다"라고 말했다. 파인먼에 의하면, 물리학에서는 수학적으로 엄밀한 정확성이 꼭 유효하지는 않다. 학문의 유일한 용도는 추측을 시도하는 데 있다. 학문이 불확실하다는 뜻이며 우리는 실험에 필요한 모든 조건들을 다 알지는 못한다.

물리학에는 하나의 조그만 특성적인 현상이 존재하며 그것은 절대적인 불균형을 뜻하기도 한다. 이것은 아직 아무도 전혀 이해하지 못하고 있는 하나의 신비이다. 파인먼은 "나는 오늘날 양자역학을 이해하고 있는 사람은 아무도 없다고 자신 있게 말할 수 있다. 미래는 예측불가능하다"고 말했다.

그는 "우리가 명확히 옳다는 것은 있을 수 없다. 심리적인 문제를 다루는 데 있어서는 정확한 정의가 불가능하다. 물리학에도 이와 똑같은 종류의 증거들이 있다. 추측은 우둔한 사람의 몫이라고 하지만 실제로는 그와 정반대이다. 추측을 한다는 것이 비과학적인 것은 아니다. 가능한가 불가능한가를 항상 증명하는 것이 과학적인 것이 아니라, 무엇이 더 일어날 법하며 무엇이 덜 일어날 법한가를 말하는 것이 과학적이다"라고 말했다.

다른 것은 생각 않고 매일 공부했다

파인먼에 의하면, 인간이 필요로 하는 것은 용솟음치는 상상력이다. MIT 시절에 파인먼은 오로지 과학에만 흥미가 있었다. 그가 물리학에 대해 생각하고 설명할 것에 집중하자, 다른 것은 아무 것도 생각나지 않았다. 그는 매일 공부했고 엄청나게 열심히 공부해야 했다. 파인먼은 브라질에 교수로 가게 되자 포르투갈어를 배우기 시작했다. 그는 "새로운 것을 생각해내면 사물을 보는 새로운 관점을 얻는다는 것이 기쁘다. 나는 두 번씩 강의를 들었고 포르투갈어를 조금씩 할 수 있게 되었다. 브라질에 처음 갔을 때 나는 포르투갈어로 강의했다"라고 말했다.

그에 의하면, 브라질 학생들은 지식을 배웠지만 모든 것을 암기하였고 의미 있는 말로 전환하지 못했다. 진정한 학습이 아니었다. 질문을 하고, 의미 있는 관계를 파악하는 것이 더 중요함에도 이를 하지 않은 것이었다. 그는 사물의 성질에 관한 직감과 경험을 사용했다. 그는 중성자와 양성자 붕괴에 관한 그의 이론을 완성했다. 파인먼은 과학의 본질에 관해 의심과 불확실성의 역할을 강조했다. 과학은 '무엇을 발견해 내는 특별한 방법'을 의미하고, '지식의 체계'를 의미하며, '새로운 것들이나 그 새로운 것들을 현실에서 구현하는 기술'이기도 하다는 것이다.

연구 발견할 때의 즐거움 그 자체

파인먼은 "연구하여 무엇을 발견할 때의 즐거움 그 자체를 위해 과학을 하는 것이다. 자연이 작동되는 방식을 이해하려고 노력하는 과정은 고도의 추론 능력을 시험하는 작업이다. 과학에서 발견되는 규칙은 구체적이고 명확할수록 흥미롭고 강력해진다"라고 말했다. 그에 의하면, 인간은 무지함과 의심이 필요함을 인정해야 하며 그래야 새로운 아이디어를 얻을 수 있다. 무엇이든 확실하지 않다는 사실이다. 인간은 멍청하고 무지하다는 것이다. 파인먼은 "나 같은 노벨상 수상자도 해괴한 논리로 황당한 주장을 할 수 있다는 사실을 보여드리고자 한다"고 말하곤 했다.

파인만에게 중요한 것은 문제를 푸는 것이었다. 1942년 파인만은 박사학위를 받았는데 그에게 물리학은 재미난 놀이였다. 그는 유럽여행에서 만난 여자 궤네스 하워스와 1960년에 결혼했다. 파인만은 42세, 그녀는 26세였고 두 사람의 결혼은 평생 지속되었다. 그는 어렵고 이해할 수 없다고 생각했던 것이 일단 이해하고 나자 사실은 아주 명백하고 간단하다는 것을 알았다. 파인만은 다른 연구자들이 몇 달을 끙끙대는 것을 하룻밤에 모두 계산했다.

파인먼은 1959년 캘리포니아공과대학에서 이론물리학 교수로 임명되어 당시 최고 연봉인 2만 달러를 받았다. 그는 "실험결과와 일치하지 않으면 그 이론은 틀렸다"라고 말했다. 1963년 파인만, 슈윙거, 도모나가는 양자전기역학의 업적으로 노벨물리학상을 받았다. 파인만은 물리학의 가장 난해한 개념조차 언제나 명료하고 쉽게 설명했다. 그는 주로 혼자서 연구했다.

파인먼은 어려운 이론을 쉽게 이해시키는 탁월한 능력. 복잡한 적분을 그림(다이아그램)으로 나타내는 기발한 방법을 보여주었다. 그는 1952년부터 1987년까지 35년 동안 캘리포니아공대에서 강의하였다. 난해한 아이디어를 일상적인 언어로 쉽게 풀어내는 특기, 경로적분법을 개발한 것이 그였다. 그에게 최첨단의 물리학은 한마디로 '무식의 전당'이었다. 자연에 대해 우리가 알고 있는 것은 근사적인 서술에 불과하다는 것이다. 자연은 실타래처럼 뒤엉켜 있지만, 파인먼은 그 속에서 패턴을 찾고 이론들을 맞추어왔다. 그 과정에서 명료한 것들이 나타나며 사물들은 점점 단순해진다는 것이다.

파인먼은 "나는 외곬으로 과학에만 관심을 두었다. 나는 학교에서 방정식을 주입식으로 배우지 않고 혼자 공부했다. 미적분은 비교적 간단하고 뻔한 것이다"고 말했다. 그는 새로운 원리를 하나 깨달았다. "남들이 내가 뭘 잘할 수 있을 거라고 생각하든 그건 내 책임이 아니다"라는 것이다. 남과 비교하거나 경쟁하는 것은 무의미하다는 것이다.

그는 물리학과 수학을 즐겼고 훗날 노벨상을 받게 된 연구인 양자 전기역학 분야를 연구하였다. 그에게 무언가를 발견하는 즐거움보다 더 큰 상은 없었다. 사물의 이치를 발견하는 그 짜릿함을 그는 매우 좋아했다. 파인먼은 "물리학에서는 새로운 것을 발견하면 할수록 규칙이 더 단순해 보인다. 경험을 계속 넓혀가다 보면 모든 것이 하나로 통일되고 모든 것이 전보다 훨씬 더 단순해진다"라고 말했다.

방정식의 작은 차이가 커다란 결과 차이

파인먼은 "연구하면 할수록 방정식의 작은 항의 차이가 커다란 결과의 차이를 낳는다는 것이 분명해졌다. 나는 뭔가를 진짜로 안다는 것이 얼마나 어려운지를 잘 알고 있다. 자연을 탐구할 때 미리 속단하지 말아야 한다. 우리는 무엇이 진실한지 모른다. 나는 의심과 불확실성과 무지를 지닌 채 살아갈 수 있다는 사실이다"라고 말했다. 그에게 수학은 패턴을 찾는 것이고 수학은 단지 패턴일 뿐이었다. 파인먼은 "다짜고짜 공식을 배우는 것은 아주 나쁜 일이다. 또 다른 과학의 특성은 합리적 사고의 가치를 가르친다"고 말했다.

그는 "과학은 지식을 통해 어떤 힘을 창조한다. 지식의 목적은 경이를 더욱 잘 음미하는 것이다. 첫 번째로 중요한 것은 증거를 판단하는 문제이다. 반드시 필요한 것은 의심과 불확실성이다. 아주 중요한 다른 테크닉은 아이디어를 결합하는 것이다"라고 말했다. 그에 의하면, 과학에서 정량적인 방법이 대단히 유효했다. 과학자는 결코 확신하지 않으며 의심하는 자유는 과학 발전에 절대적으로 불가결한 것이었다.

그는 "과학의 가치 중 첫 번째는 우리에게 온갖 일을 할 수 있게 하고, 온갖 것을 만들 수 있게 한다는 것이다. 과학의 또 다른 가치는 지적 유희라고 불리는 것이다. 과학이 가지는 세 번째 가치는 무지를 인식하고 의심의 여지를 남겨두는 것이다"라고 말했다. 파인먼은 "우리는 모른다는 것을 솔직히 인정해야 한다"라고 말했다. 필자가 많은 사람들에게 "학습의 가치 하나는 우리가 무지하고 무능하다는 것을 깨달아 겸허해지는 것"이라고 말하는 것과 통하지 않는가?

파인먼은 "더욱 진보하려면 수학이 필요하다. '난해한' 수학이라는 것도 사실은 그리 어렵지 않다. 나는 정의하지 않고 세계를 탐구한다.

나는 문제의 중요성을 선별해서 해결 가능성을 늘릴 수 있다는 생각을 했다"라고 말했다. 그는 추측하지 않고 편견과 선입견을 가지지 않으려고 하지만 결국 스스로 편견과 선입견을 가진다는 것을 솔직하게 인정했다.

파인먼은 "우리에게는 훌륭한 근본 이론이 전혀 없다. 물리학에서 얻는 교훈은 우리가 발견할 수 있는 것은 존재하는 것의 극히 일부분이라는 것이다"라고 말했는데 대과학자라는 그가 그처럼 겸손했다는 것이 놀랍다. 그에 의하면, 과학자는 자신의 설명을 지지하는 결과뿐만 아니라 반박하는 결과도 모두 보고해야 한다. 이는 과학적 성실성이 필요한 문제이다. 그는 경험을 통해 머릿속에서 일어나는 일은 사람마다 다르다는 것을 알게 되었다.

그는 "뇌의 연결체계는 컴퓨터보다 훨씬 더 정교하다. 뇌 속에 있는 신경 하나는 수천 개의 다른 신경과 연결되어 있다. 컴퓨터는 수백만 개의 가능성을 다 염두에 두지만 사람은 다른 방법을 쓴다. 즉 패턴을 인식하는 것이다. 인간의 상상의 한계를 넓히는 일이 과학적 탐험의 일부라고 생각한다"라고 말했다.

그는 "이론물리학에서 아주 중요한 방법 중 하나는 '이미 알려진 이론을 잊어버릴 수 있는 능력'이다. 우리의 딜레마가 있는데 그것은 전문화의 한계 때문이다"고 말했다. 그는 과학이 신이 없음을 증명한다고 생각하지 않았다. 그가 보기에 그것은 불가능하였다. 파인먼은

"과학은 우리에게 알려진 것의 확실성 정도를 진술할 뿐이다. 불확실성의 태도는 과학자에게 필수적인 것이며 의심하는 것이 과학의 지상과제이다"라고 말했다. 자신의 무지함을 인정하고 겸허하였던 파인먼의 자세는 진정한 학습자의 모본이 아닌가?

파인먼이 "매일 공부했고 엄청나게 열심히 공부했다"는 점은 그의 미래를 좌우하는 중요 요인이었다. 독자가 시스템학습법을 알게 된 것은 큰 기회임을 깨닫고, 삶의 원동력으로 활용해야 한다.

이나모리 가즈오

이나모리 가즈오는 한국 우장춘 박사의 사위로 1932년생이다. 그는 가고시마대학 공대를 졸업하였고, 1959년 교세라를 창업하고 1984년 다이니덴덴을 창업해 굴지의 통신회사로 키웠으며 파산상태의 일본항공을 3년 만에 회생시켰다. 1980년 '세이와주쿠'를 설립해 경영 교육을 하고 있다.

이나모리의 회사 교세라는 1959년 첫해 매출이 약 2,600만 엔, 2012년은 1조2천억 엔에 이른다. 단 한 번도 적자가 없었다. 이나모리는 교토세라믹(교세라)을 창업하고 파인세라믹스를 이용한 각종 제품을 생산했다. 그는 판단에 앞서 '인간으로서 무엇이 옳은가'라는 질문을 던진다. 궁극적으로 "내가 하는 일이 세상에 도움이 됐고 인생도 행복했다"는 마음가짐이 그의 태도였다.

경영자 사고방식과 원칙에 따라 행동

이나모리는 원칙에 따라 행동해왔다. 그는 교세라 창업초기부터 경영자의 사고방식과 기본철학의 중요성을 깨달아 실천해왔다. '올바른 것을 올바르게 추구하는 일'이 중요하였다. 그는 경영이란 직원이 행복해지도록 하는 것이 최종목표라는 것을 깨달았다. '물심양면으로 모든 직원의 행복을 추구한다'는 것과 '인류와 사회에 공헌한다'는 것을 교세라 이념으로 삼았다.

이나모리는 계속 연구하였고 기술력을 높여 미국을 방문했다. 1970년 무렵, 교세라는 멀티레이어(적층) IC(집적회로) 관련 개발과 양산에 성공했다. 강렬한 의지와 열정이 그에게 중요했다. 간절한 소망, 반드시 해내려는 책임감, 자신을 북돋우는 의지가 필요하다는 것이다.

이나모리는 항상 독창적인 것, 창조적인 자세, 스스로를 향한 자신감이 필요하였다. 그는 학습 의지와 목표의식을 가진 사람만을 선별했다. 반복해서 공부하고 자신의 생활방식으로 삼아 실천해야 한다고 그는 생각한다. 매일 같이 반성하고 매일 같이 실천하는 것이 핵심이다.

그는 '일과 인생의 결과 = 사고방식*열의*능력'이라는 방정식을 만들었다. 능력에 열의를 곱하고 사고방식을 곱하는 것이다. 끊임없이 창의적으로 사고하는 자세가 꼭 필요하기 때문이다. 이나모리는 "인생에서 가장 큰 장벽은 편안함과 안이함을 찾는 자기 자신이다. 자제력을 통해 장벽을 극복해야 최고가 될 수 있다. 공부를 열심히 한다는 것은 놀거나 자기 욕망과 싸워 이긴다는 뜻이다. 그것은 자신을 극복하는 정신이 있다는 증거이다"라고 말한다.

매일 배움을 계속 않는다면 문제

그는 "자신을 돌이켜보며 매일 배움을 계속하지 않는다면 문제가 있게 된다. 정신을 함양하고 순화할 수 있는 독서를 해야 한다. 나는 일과 후에 아무리 늦은 밤이라도 항상 집에서 책을 읽는다. 독서는 실제 체험을 더욱 의미 있게 만드는 기준을 제공한다. 자신의 실제 경험 그리고 독서를 통해 간접적으로 얻는 다른 사람의 경험은 성공할 수 있는 정신적 뼈대를 만들어 준다"라고 말한다.

이나모리에게는 정신력이 중요한 것이고, 능력보다 중요한 것은 노력과 원칙이다. 그는 "자신의 일을 사랑하고 자신의 일에서 최고의 즐거움을 찾을 수 있는 사람만이 비즈니스에서 성공한다"고 말한다. 그는 장기 계획을 세우지 않는다. 내일 일이 어떻게 될지 모르기 때문이다. 그 대신 하루하루를 성실하게 살기 위해 노력한다. 그는 충분히 가치 있는 일이라는 믿음이 확실해지기 전에는 큰 프로젝트를 시작하지 않는다. 미래를 대비하는 최선책은 오늘을 열심히 살고 내일을 오늘의 연장으로 보는 것이다.

이나모리는 믿었던 사람들에게서 배신을 당한 경험이 몇 번 있었다. 그는 "먼저 나 자신을 신뢰할 수 있는 사람으로 만들어야 한다. 신뢰할 수 있는 인간관계를 유지하지 못하면 절대 성공할 수 없다"고 말한다. 그는 "나는 기술 우선이 아니라 직원 우선의 회사가 되기로 결정했다. 수입의 극대화와 비용의 최소화에는 엄청난 정신력과 창의력이 필요하다"고 말한다. 그는 거품경제 시기에 땅투기 등을 거절했다. 원칙을 지켰던 것이 결국 좋은 결과가 되었다.

스스로 불 붙는 사람 스스로 학습하는 사람

이나모리는 사람을 세 유형으로 구분한다. 자가연성 유형은 열의와 열정이 있으며 스스로 불이 붙는 사람이다. 불연성 유형은 재능이 있을지는 몰라도 허무적 성향이고 감정이 풍부하지 않다. 성취력이 부족하다. 타가연성 유형은 주위에서 동기를 부여해주어야 불이 붙는 사람이다. 가장 필요한 유형은 자가연성 유형이다. 스스로 불이 붙는 사람 스스로 학습하는 사람이 그에 해당된다.

이나모리는 "리더는 항상 겸손해야 한다. 언행이 일치하는 것은 경영자의 책임이다. 우리는 위기의식과 긴박감을 유지하고 있어야 한다. 창의력과 향상심이 필요한 것이다"라고 말한다. 그에게는 한 걸음씩 부단히 노력하는 것이 중요하다. 그는 "끊임없는 창의적인 연구가 훌륭한 성과를 낳는다"고 생각한다. 그에게 중요한 것은 습득한 지식을 어떻게 살려나갈 것인가 즉 창의성이다. 그 바탕에는 학습이 있었다.

이나모리는 도산한 JAL의 경영책임을 맡고나서 맨 처음 '리더교육'이라는 연수를 실시했다. 의식개혁이 우선과제였다. 그는 '공부모임'을 창설하여 지속하기로 했다. 공부모임을 월1회 3시간을 하는데 이나모리 회장은 반드시 참가한다. 이나모리 회장은 리더의 사고방식과 가치관이 변해야 공감대를 형성할 수 있다는 것을 알고 있었다. 리더교육과 공부모임, 부문별 채산제도, 새로운 가치관 등이 새로운 원동력으로 작용했다. 이나모리의 지속적인 성공 바탕에는 학습하고 학습하여 자신을 반성하고 향상시키는 자세가 있었다는 것이다. 그는 일본의 '경영의 신'으로 불리는 마쓰시타를 능가하는 학습의 열정, 사업실적을 보여주었다.

아놀드 토인비

'역사의 연구' 저자로 세계적 명성을 얻은 토인비는 1889년 런던에서 태어났고 1974년 85세로 서거했다. 1919년에는 파리 강화회의 영국대표, 런던대학의 킹스칼리지에서 교수, 왕립 국제문제연구소 연구부장을 역임했다. 1907년 옥스퍼드 대학의 베일리올 칼리지에 장학생으로 입학한 그는 졸업하여 연구원 겸 교수로 임명되었다.

토인비는 공부를 열심히 했고 잘했다. 그런 그에게도 시험은 지긋지긋한 것이었다. 재래식 학습자는 누구나 그러한 반응을 보이는 것 같다. 학습이나 시험이 '게임'이 아니라 큰 부담으로 작용하기 때문일 것이다. 그는 시험을 받는 자가 되는 운명을 피하게 된 것을 감사하게 생각해왔다. 어느 옥스퍼드의 학자는 "비잔틴 역사가들의 저술을 애써서 읽고 있는 것이 참으로 싫증나는 일이라는 것"이라고 말했다. 그가 항상 공부하는 습관을 갖게 된 것은 매우 소중한 것이었다. 학습하는 자는 항상 기회가 찾아온다는 사실을 토인비는 입증했다.

벤저민 그레이엄

워렌 버핏의 스승 벤저민 그레이엄은 증권분석의 창시자로 존경받고 있다. 그는 1914년 컬럼비아대학을 졸업하고, 월스트리트 증권분석가로 활동을 시작했으며, 1925년 자신의 투자회사인 그레이엄-뉴먼 펀드를 설립해 1956년 공식 은퇴할 때까지 가치투자 이론에 바탕해 높은 수익률을 기록했다. 그레이엄은 '증권분석', '현명한 투자자', '재무제표의 해석' 등의 저서가 있다.

그레이엄은 1894년 영국 런던에서 태어나 한 살이던 1895년 아버지를 따라 미국으로 왔다. 그는 학교에서 무척 성실하고 공부 잘하는 학생으로 드러났다. 어머니 형제들이 돈을 벌어 부자가 된 덕분에 그의 가족은 빈곤에서 구제될 수 있었다. 그의 어머니는 몇 개 외국어도 잘하는 편이었다.

그레이엄의 주된 관심사는 공부였다. 그는 수학에 재능이 있었다. 그는 2주에 한 번 도서관에서 4-5권의 책을 빌렸다. 독서가 그에게 끼친 영향이 매우 컸다는 사실이다. 그는 빨리 읽고, 읽은 내용을 음미하고 이해하고 기억하는 학습을 했다. 그레이엄은 공립학교를 전체 1등을 차지했고 졸업생 대표로 고별사를 낭독했다. 그의 학습방법이 큰 성과를 낸 것은 시스템학습법에서 "빠른 속도로 읽고 반복하며 3단계에서 음미하면서 학습한다"는 것과 거의 같기 때문일 것이다.

빠른 속도로 읽고 내용을 음미

빠른 속도로 읽고 읽은 내용을 음미해가며 이해하는 독서술을 가진 그레이엄은 공부벌레로 통했다. 그레이엄은 모든 과목에서 우수한 성적을 받았고 전교에서 수위를 다투었다. 그는 컬럼비아대학의 학장으로부터 만나자는 연락을 받았고 결국 17살에 동창회 장학생으로 컬럼비아대학교에 입학했다. 그는 정규과목 이외의 공부도 열심히 하였다. 그는 전교에서 2등으로 대학을 졸업했다.

그레이엄은 로렌스 챔벌레인이 쓴 “채권투자의 원칙”이란 책으로 공부하였다. 그는 42년간을 월 스트리트에서 보냈다. 그가 월 스트리트에 도입한 것은 현실적인 문제들에 적용 가능한 학문적인 관점이었다. 그는 내재가치를 계산하고 투자의 이점을 찾아내는 작업을 하였다.

그는 “내가 증권투자에서 성공한 것은 학습하였기 때문이다”고 말했다. 학습은 삶에서 엄청난 힘을 발휘한다는 것이다. 그레이엄이 “빠른 속도로 읽고 읽은 내용을 음미해가며 이해한다”는 것이 시스템 학습법에 가까운 학습법임을 독자는 알아챘는가?

엄청난 성공은 행운이 아니다

최근에 젊은이들이 좌절하는 가운데 무언가 돌파구를 마련하려고 증권투자에 ‘영끌’(영혼까지 끌어모아)을 하고 있다고 한다. 증권투자를 할 수 있는 자격은 증권투자에 관한 실력을 깊이 있게 쌓고, 정신력으로 냉정하게 투자할 수 있는 사람에게 있다. 벤저민 그레이엄과 그의 제자 워렌 버핏이 엄청난 성공을 거둔 것은 행운이 아니다. 버핏은 지금도 책을 엄청나게 읽고 있다. 1930년생인 버핏이 90세의 나이로 학습을 계속하면서 증권투자를 공부하고 있기에 그는 존경을 받는 것이다. 그는 도박이 아니라 과학적으로 투자를 한다는 사실이다.

이미 작고한 필립 피셔는 위대한 주식투자가의 한 사람이다. 워렌 버핏은 벤저민 그레이엄과 필립 피셔 두 사람을 "자기를 만든 사람이다"라고 말한다. 피셔는 주식을 연구한 드문 사람이었다. 그는 스탠퍼드대학에서 '투자론' 강의를 하기도 하였는데 그는 주식투자를 '풍문, 유행, 테마 등'에 의해서 하지 않았다. 그는 주식회사의 가치와 성장에 대한 깊은 이해를 근거로 심사숙고하여 투자하였고 엄청난 부를 축적했다. 그는 1980년에 쓴 책에 "주가가 어떻게 움직였는지를 공부하려는 사람이 너무나 적다는 사실이 놀라울 따름이다"라고 말한다.

필자는 필립 피셔의 책을 50번 정도 읽었고 가끔 또다시 읽는다. 주식투자는 매우 위험한 것이다. 냉철한 분석과 자신의 마음을 자제할 수 있는 힘이 있어야만 수익을 낼 수 있다. 독자가 주식투자를 염두에 두고 있다면 50권 이상의 투자에 관한 좋은 책을 50번 정도 읽고 터득하여 투자해야 한다. 소액으로 천천히 시도해야 겨우 성공할 수 있음을 명심해야 한다.

독자는 "시스템학습법은 10회 읽는 것인데 왜 50번이나 읽어야 하나요?"라고 물을 것이다. 시스템학습법에서 10회는 기본이다. 주식투자를 하는 것은 독자의 피와 같은 소중한 돈을 잃을 수도 있는 매우 심각한 것이다. 그것은 기본만으로 부족하다. 시험에 응시할 때는 "기본 10회에 추가하여 학습하라"고 필자는 권했다. 시험 종류에 따라 추가하는 정도는 독자가 판단하면 된다. 주식투자는 시험보다 더 심각한 것이므로 훨씬 많은 학습 즉 50회를 권한 것이다. 하고 안 하고는 독자의 자유다. 10회를 마치고 하는 학습은 3단계로만 하기에 매우 빠르다. 10회를 넘는 40회의 학습 속도가 점점 더 빨라지므로 그리 큰 부담이 아니라는 사실이다.

어느 독자는 "저자도 주식투자 책을 읽는다면 50번이나 읽나요?" 라고 물을 것이다. 이해할 만한 질문이다. 필자는 주식투자에 관해서도 연구하고 있다. 개인적인 차원에서 주식투자를 연구하는 것이다. 나는 은행 기업분석부에 근무할 때부터 기업 가치를 연구해 왔기에 이 분야는 익숙하다. 주식투자에 관련되는 책을 136권 구입하였고 이미 10회 이상 충분히 다 읽었다. 그 중 중요한 주식투자 책 50권을 선정, 50여 회 이상 읽었고 매일 추가로 학습하고 있다. 3단계 방식으로 학습하니까 학습 속도가 무척 빠르다. 이는 필자가 1권을 2일마다 10회 읽는 것과는 별도의 학습이다. 필자는 주식투자에 관심이 있는 분들에게 돈을 잃지 않는 방법을 개인적으로 조언한다. 'SR경쟁력프로그램' 교육을 받는 경우, 요청하면 조언하는 것이다.

09

학습 성공의 필수사항

나카마츠 요시로

나카마츠 요시로는 도쿄대학교 공학부에서 공부하였고 또 다시 법학부에서 공부했고 미국에서 의학을 공부했다. 나카마츠는 공학박사, 법학박사, 의학박사학위를 받았다. 필자는 학습으로 세 개의 박사학위를 받은 분은 처음 본다.

인간의 두뇌는 평등한 것

나카마츠는 "기본적으로 인간의 두뇌는 평등한 것이라는 사실이다"라고 말했다. 우리 인간은 모두 두뇌 능력이 같다는 것이다. 학습을 효율적으로 하느냐 여부가 천재로 나타나느냐 아니냐를 판가름한다는 것이다. 나카마츠에 의하면, 뇌가 활성화되면 기억력, 판단력, 분석력 등도 우수해지며 노인 치매도 예방할 수 있다.

나카마츠는 “인간의 뇌세포 수는 거의 차이가 없다. 인간은 살아가는 한 나이에 관계없이 평생 그 발달이 있을 것이다”고 말한다. 그는 닥터 나카마츠 종합연구소의 대표이다. 그에 의하면, 노인성 치매의 예방, 치료에 중요한 것은 뇌 안에 있는 세포 수를 늘리고 그 기능을 저하시키지 않도록 하는 것이고 학습을 통해 뇌에 자극을 주는 것이 중요하다고 한다.

학습을 습관으로

나카마츠는 “인간의 지능지수는 75세까지 점점 상승한다”라고 말한다. 그에 의하면, ‘노 스트레스’가 대단히 중요한 기본이다. ‘창뇌’란 우뇌를 사용하는 것이다. 나카마츠는 책을 읽으면서 중요하다고 생각되는 부분을 형광펜으로 선을 긋는다. 다 읽고 나서 체크한 것을 다시 한 번 읽는다. 나카마츠가 활력있게 사는 것은 학습을 즐기며 정진하였기 때문이다. “중요하다고 생각되는 부분을 형광펜으로 선을 긋는다. 다 읽고 나서 체크한 것을 다시 한 번 읽는다”는 것이 시스템학습법과 비슷하지 않은가? 요컨대, 나카마츠는 학습을 습관으로 하였다는 것이다. 학습을 습관으로 하는 것 그것이 필수사항이다.

토스카니니

1867년생인 토스카니니는 90년의 생애에서 거의 70년간 지휘자로 활동했다. 토스카니니는 단순하고 소박하며 진실과 자유를 지킨 투사였다. 불멸의 지휘자 토스카니니는 "아름다움의 극치는 정확함에 있다"고 말했다. 1885년 최고의 성적으로 음악원을 졸업한 토스카니니는 1887년 라 스칼라에서 제2첼로를 맡았다.

19살에 대가다운 솜씨

첼리스트로 출발했던 19살 토스카니니는 순회연주단과 더불어 브라질에 갔다. 연주단 지휘가 엉망이었던지 지휘자가 청중들의 야유로 지휘대를 떠났다. 당황한 연주단 단원들은 토스카니니가 매일 악보를 학습하여 왔다는 사실을 알고 있었다. 마땅히 지휘를 할 사람이 없자 단원들은 토스카니니에게 지휘대에 서도록 설득했다. 19살짜리 신참이고 풋내 나는 첼리스트가 지휘자가 된다? 토스카니니는 할 수 없이 지휘대에 섰다. 그가 완전히 암보한 곡을 대가다운 솜씨로 지휘를 마치자 호평을 받았고 지휘자로서 확고한 기반을 다지기 시작했다. 미국 신문기자는 "토스카니니는 얼마나 기막힌 오케스트라 지휘자인가! 그렇게 확고하고 그렇게도 침착한지! 완전히 암보로써 지휘한다는 사실이다!"라고 보도했다.

19살 토스카니니는 암보로써 지휘를 했는데 오페라를 60편 지휘할 수 있었고 그 숫자는 점점 늘어 160편으로 증가했다. 토스카니니는 레퍼토리를 확대해서 오페라만이 아니라 교향곡도 지휘하기 시작했다. 그는 70년간의 지휘자 경력에서 라 스칼라에서 1898-1903년, 1920-27년에 도합 14년을 재직했다. 연주자들이 연주 중에 슬그머니 연주를 빼먹어도 눈감아주는 부분이 있게 마련인데 토스카니니에겐 절대 통하지 않았다. 그러자 연주자는 완벽하게 연주하려고 집에서 연습했다.

토스카니니는 오직 음악만 생각했다. 토스카니니는 탁월한 해석능력, 명인의 테크닉, 통찰력을 갖춘 지휘자였다. 1886년 이탈리아 데뷔 무대는 대성공이었다. 그의 "안정된 리듬과 전달력, 침착성과 근면 및 견고무비의 기억력"이 신문 음악평에 나왔다. 토스카니니의 가장 놀라운 점은 철저히 현실적인 체제 안에서 절대적으로 타협하지 않을 수 있는 능력이었다.

일을 즐길 때는 절대로 피곤하지 않아

그는 적게 먹는 소식자로 최소한도의 수면만 취했으며 혹독하게 일했다. 자신의 신념을 말과 행동으로 일관되게 실천한 데에 인간 토스카니니의 진정한 위대성이 있었던 것이다. 토스카니니의 기억력은 노년에 이르러서도 감퇴하지 않았다. 어렸을 때 그의 가정은 대단히 가

난해 언제나 배가 고팠다. 토스카니니는 그 가난을 돌파하는 것이 최대의 과제였다. 그는 오전을 공부하는 데 몰두했고 60대였을 때도 정력은 초인적이었다. 그는 "내가 하는 일을 즐길 때는 절대로 나는 피곤하지 않아요!"라고 말했다.

토스카니니의 지도로 연주자들은 완벽한 연주자로 변신해갔다. 1928년 뉴욕필과 뉴욕심포니가 통합되어 토스카니니가 수석지휘자로 임명되었다. 69세에 1936년 뉴욕필을 떠났던 토스카니니는 1937년 창설한 NBC심포니 오케스트라를 맡았다. 이후 17년간을 이 오케스트라와 함께 음악을 하면서 불후의 명반들을 내놓았다. 그는 오직 음악의 완성을 추구하는 데만 관심이 있었고 음악밖에 생각하지 않았다. 그는 90회 생일을 앞두고 타계했다.

매일 일어나자마자 책상으로

"왜 필자가 토스카니니를 소개하는 것일까?" 질문하는 독자가 있을 것이다. 토스카니니는 매일 아침 일어나자마자 책상으로 가서 오전을 공부하는 데 몰두했다는 사실이다. 그의 이러한 습관은 죽을 때까지 지속되었다. 책상에 앉아 악보들을 공부하고 연습하고 또 연습하는 것이 그의 평생의 일과였다. 누구도 그의 악보를 공부하는 열정을 방해할 수 없었다.

필자는 독자에게 "밥보다 학습!"이라는 말을 이미 했다. 토스카니니는 60대였을 때도 정력은 초인적이었다. 그는 "내가 하는 일을 즐길 때는 절대로 나는 피곤하지 않아요!"라고 말했다. 독자가 자기 학습에 몰두할 수 있는 학습자가 된다면 외환위기 사태이든 코로나19 사태이든 몰락하지 않을 것이다. 독자에게서 끊임없이 솟아나는 정신력과 실력이 가치 있는 인재로 눈에 뜨이기 때문이다. 이는 남들과 경쟁하는 것이 아니다. 자기 자신과의 경쟁이며 매우 즐거운 게임이다. 학습을 최우선하는 것이 필수사항이다.

야마구치 마유

'7번 읽기 공부법'의 저자 야마구치 마유는 일본 홋카이도 출생으로 도쿄대학교를 수석으로 졸업했고 사법시험과 공무원 시험에 합격해 재무성에 근무하기도 했다. 현재 변호사로 활동 중이다.

마유가 도쿄대 수석으로 졸업하게 한 것은 '읽기 공부법'의 확립 덕분이다. 마유에 의하면, 공부법이라는 레일만 깔아놓으면 공부는 잘 된다는 것이다. 마유는 "공부 여정이 즐거울 것이라는 생각은 오해다. 노력이 필요하기 때문이다. 노력은 엄청난 끈기가 필요한 작업이고 즐거움을 느낄 요소라고는 전무하다. 가끔씩 지긋지긋해 질 때도 있고 고통까지 수반하는 일이다. 나는 공부를 좋아서 했던 적이 없다"

라고 말한다.

마유는 공부를 하다 보면 지적 호기심이 채워지는 순간도 있고 지적인 흥분을 느낄 때도 있지만 즐거움은 극히 일부분이었다고 한다. 마유는 "허들을 조금씩 넘는 방법이 효과적이다. 이번에 토익 600점을 받았다면 다음에는 700점을 목표로 하는 것이다. 끝이 보여야 자제력과 인내도 생긴다. 고된 과정이 있어야 성과에 충실함을 느끼면서 새로운 목표를 다시 새울 수 있다. 성공 경험은 자신감으로 이어진다"라고 말한다.

마유는 "무리한 목표는 세우지 않는 편이 좋다. 나는 공부를 할 때 엄밀한 계획을 세워본 적이 없다. 통학 시간도 공부 시간으로 활용했다. 나는 주변에 사람들이 있으면 집중하기 어려워 집에서 공부하는 것을 선택했다"라고 말한다.

곧장 책상으로 가서 책 읽기부터

마유는 잠에서 깨면 커피를 마시거나 세수를 하거나 하는 등 사소한 일도 하지 않고 곧장 책상으로 가서 책 읽기부터 시작했다. 이것저것 다른 일을 시작하면 그 일에 휩싸여 시간이 쉽게 흘러가고 학습은 한참 후에야 시작되기 때문이다. 그렇게 되면 죄책감이 느껴지고 자존감이 손상된다는 것이다.

매우 현명한 생각이다. 필자가 “밥보다 학습!”이라고 항상 강조하는 것이 바로 그것이다. 다른 일을 다 해놓고 학습을 많이 할 수 있는 사람은 없다. 우선 학습부터 하고 꼭 필요한 일은 틈틈이 하는 것이 훨씬 결과가 좋다.

마유는 상세한 계획 세우는 것을 하지 않았다. 필자도 마찬가지이다. 계획을 세우려고 신경 쓰는 것도 시간을 사용하는 일이고 그것에 신경 쓸 시간에 학습하는 것이 더 낫다. 어차피 학습이 생활의 주가 되어야 한다. 모든 것을 학습을 중심으로 하면 나머지는 필요에 따라 저절로 실행되기 때문이다.

야마구치 마유의 사례를 학습 성공의 필수사항으로 꼽은 것은 의미가 크다. 삶에서 성공의 비결은 복잡한 것이 아니며 단순하다. 단순한 것을 실천하는 사람이 적을 뿐이다. 독자가 이 책에서 필자가 제안한 조언을 따른다면 큰 이익을 볼 것임을 필자는 자신한다. 잠이 깨면 최우선으로 책상에 앉아 학습하는 것이 필수사항이다. 그리고 틈만 나면 학습하는 것이다.

잠깐!

이미 했던 말을 다시 강조한다. 필자는 “학습하지 않은 다음 날은 하루 세끼 밥을 먹지 않는다”라는 원칙을 수십 년간 실천해왔다. 필자는 핑계 등으로 학습을 건너뛰어 그 다음날 세 끼를 굶어본 적이 있다. 학습은 인생에서 결정적인 경쟁력의 원동력이다. 그저 “해도 좋고 말아도 좋고”라는 것은 절대로 안 된다. 밥보다 학습! 독자의 양심이 이를 실천할 수 있을 때 미래가 있는 것이다. 이 장에서 소개한 여러 학습 성공의 필수사항들을 명심하면 독자에게 틀림없이 좋은 미래가 기다린다!

10

전진의 길

'분투력'의 저자 스콧 에이믹스는 1973년 한국에서 태어나 9년 후 미국으로 이민을 갔다. 궁핍한 생활을 거쳐 에이믹스라는 미국인 가정에 입양되어 성장하였다. 현재 IBM사물인터넷 미래학자이며 연구원으로 왕성한 활동을 벌이고 있다. 에미믹스는 "에릭슨의 '1만 시간의 법칙'을 적용해도 성공하지 못한 사람은 많다. 성공 비결은 '버티고 나아가는 것' 즉 분투력에 있다"고 말한다.

재능있는 열정, 지식있는 열정, 이득 있는 열정 세 가지

에이믹스는 "좋아하는 일을 하면 성공한다는 말은 잘못된 말이다. 열정을 좇으라고 부추기는 현상은 현대교육 시스템의 문제이다. 열정으로 도전을 지속한다고 성공하는 것은 아니다"라고 말한다. 그는 세 가지 중요한 성공 요인이 동반해야 열정은 가치가 있다고 생각한다. 첫째 재능있는 열정 둘째, 지식있는 열정, 셋째, 경제적 이득 있는 열정 세 가지이다. 필자는 에이믹스의 말에 공감한다.

세계적인 신경학자이며 의사인 올리버 색스는 그의 아버지에 관해 "아버지는 유명한 피아니스트와 함께 교육을 받았고, 피아노만 보면 사족을 못 쓰는 성격이었다. 그러나 아버지의 손가락이 짧고 굵어 인상주의 음악을 연주하는 것에 만족했다"라고 말한다. 그의 아버지는 결국 피아니스트가 아닌 의사가 되었다. 유태인인 색스 가족은 항상 학습하는 문화 속에 있었고 지혜로운 결정을 할 수 있었다. 아무리 '좋아해도 재능이 부족하면 다시 생각한다'는 것을 실천한 것이다.

에이믹스에 의하면, 한국에서 스타를 꿈꾸는 연예 종사자 중 90%가 극심한 빈곤 속에서 살고 있다. 영국 배우들은 50%가 빈곤 생활자이고 호주 배우들은 56%가 빈곤 생활자라고 한다. 자기 브랜드를 가지고 있어야 성공할 수 있다. 열정에만 의존하는 것은 위험하다. 1993년 에릭슨은 '1만 시간의 법칙'을 발표했다. 1만 시간의 법칙은 피상적인 이해만을 반영하는 것이고 1만 시간을 채운다는 것은 너무나 어렵다. 1만 시간 이상을 연습해도 음반계약을 따지 못하거나 그래미상을 받지 못하는 예술가는 수만 명이다. 예술가만이 아니라 공학자, 교사, 의사, 법조인 모두에게 적용되는 상황이라는 것이다.

에이믹스는 프루덴셜에 입사했는데 행운이나 혜택 덕분에 성공한다는 말은 거짓임을 깨달았다. 성취에는 헌신, 고된 작업, 인내심이 필요하다는 것이다. 그는 결국 깨닫고 열심히 공부해 시카고대학 대학원에서 전액장학금을 받게 되었다. 그의 결론은 '비결은 분투 능력'이었고 끈기였다.

적성에 맞지 않아도 노력하면 몰입 경험

서울대학교 교수 황농문은 "몰입학습이 중요하다. 몰입 상태의 공통점은 지적인 능력이 고양되고 행복감을 맛본다는 사실이다"라고 말한다. 황농문에 의하면, 학습은 생존 문제를 해결해준다. 학습은 삶의 수단이 되면서 자아실현을 성취시켜 삶의 목적까지 이룰 수 있다.

황농문은 대학에서 전공인 재료공학이 적성에 맞지 않는다고 생각한 적이 있었다. 그는 의도적인 노력을 하면서 몰입을 경험했고 인생이 바뀌기 시작했다. 일들이 즐거워진 것이다. 그는 몰입도를 높이는 가장 빠른 방법이 쉬지 않고 오로지 풀려고 하는 문제만 생각하는 것임을 깨달았다. 그러면 난제를 풀어낼 수 있는 강력한 지적 능력이 발휘된다는 것이다. 사실 어떤 적성이 자신에게 맞는지 아닌지는 알기 힘들다. 무언가 가치 있는 것에 몰입해야 자신이 재능이 있는지 여부가 서서히 드러나기 때문이다.

필자는 '글쓰기' 재능이 있어서 책을 쓰게 된 것은 아니다. 학습을 많이 하다 보니 자신감이 생겼다. 나는 "한 번 써볼까?"라고 생각해 써보았는데 베스트셀러에도 올라간 적이 있었다. 그것이 계기가 되어 이 책까지 열세 권의 책을 집필하게 된 것이다. 황농문은 플로리다주립대학의 앤더스 에릭슨 교수가 1993년 발표한 연구에서 "최고의 실력을 발휘하는 사람들은 신중하게 계획된 연습을 10년(1만 시간)동안 계속했다"는 점을 긍정한다. 황농문에 의하면, 현대인들이 생각하기를 싫어하고 충동이나 욕구에 좌우되는 삶을 사는 것은 뇌를 점점 쓰지 않기 때문이다. 현대사회에서 사고력과 창의력을 발달시킨 사람만이 고급인력이다. 머리를 쓰는 것은 사고력과 창의력을 높인다는 것이다. 황농문은 "독서를 하면서 중요한 문구에 밑줄을 치는 것이 필요하다"라고 말한다. 시스템학습법과 같지 않은가?

내가 잘하는 것은 무엇인가?

컨설팅기업 창업자 닐 파텔은 그의 저서를 통해 삶과 사업에서 성공하는 원동력을 제안하고 있다. 그가 '허슬'이라고 명명한 것은 '목표를 향한 결단력 있는 움직임'이라고 정의한다. 사업에서 도전적 환경에 스스로 노출시켜 강점을 발견하고 이에 초점을 맞추는 것이 중요하다. 옳지 않거나 능력이 미치지 않는 잘못된 일을 하는 것은 헛수고라는 것이다.

파텔은 "내가 잘하는 것은 무엇인가? 나는 무엇을 해야 하는가? 나는 어떤 사람이 되어야 하는가?"라는 질문을 권한다. 그에 의하면, 에릭슨의 '1만 시간의 법칙'은 인간에게 환상을 섬어주기 때문에 자기합리화에 불과할 수 있다는 것이다. 파텔에 의하면, 삶과 사업에서 성공하려면 자신의 재능을 잘 알아야 하고 강점을 단련하는 것이 유일한 최고의 방법이다. 허슬은 매일의 작은 성취들이 모여 이루어지며 더 많이 허슬할수록 더 좋은 행운과 만난다는 것이다.

파텔은 "자신의 열정을 따르라"는 것은 어리석은 말이라고 단언한다. 열정은 쉽게 식기 때문이다. 허슬을 성공적으로 진행하려면 용기와 확고한 믿음을 가져야 하고 당신이 올바른 길에 있다는 자신감을 지녀야 한다는 것이다. 파텔은 "당신은 헌신이 필요하고 전문성이 있어야 한다. 핵심은 허슬링을 계속하는 것이다"라고 말한다. 전문성은 끊임없는 학습 속에서 가장 빠르게 획득할 수 있다는 사실이다. 독자가 단지 열정이나 "좋아하는 일"을 추구한다면 매우 위험한 것임을 명심해야 한다.

기술을 향상시키는 동기 없으면 여전히 실업자

'피플 패러독스'의 저자 에드워드 고든은 시카고의 기업 컨설팅주식회사의 사장이다. 지난 30년 동안 다양한 컨설팅 활동을 해왔다. 고든은 "직업기술을 향상시키려는 개인적인 동기가 없으면 여전히 실업자로 남을 것이다. 미국 성인의 60%은 책을 전혀 읽지 않는다"라고 말한다.

미국 성인 인구 50%가 취업원서를 작성하지 못하고 미국 학생들은 OECD 국가 중에서 읽기능력이 29개국 중 19위, 수학은 24위를 차지했다. 미국이 여러 면에서 세계를 주도하는 선진국이지만 코로나19 사태를 보면서 우리는 미국 사회의 취약점들이 도처에 많이 있다는 것을 알 수 있다.

고든은 “성공하는 사람들은 평생 동안 배우기를 게을리 하지 않는 사람들이다”고 말한다. 도서관에서 한 시간이면 될 것을 인터넷에서는 6개월이 걸린다고 한다. 일부 앞서가는 미국 회사들이 성공할 수 있었던 요인 하나는 직원들이 끊임없이 새로운 기술을 배우고 실험하기 용이하게 한 덕분이라는 것이다. 독자가 “끊임없이 새로운 기술을 배우는 최선의 방법이 시스템학습법임”을 깨달으면 삶의 많은 문제들을 해결할 수 있다.

‘자기암시’라는 놀라운 방법을 제시하여 세계적 명성을 얻었던 에밀 쿠에는 프랑스의 약사이자 심리치료사로 활동하였으며 1926년 66세로 세상을 떠났다. 세상을 떠난 지 오래 되었음에도 그의 주장은 아직도 생생하게 살아 있다.

의지는 상상에게 항상 자리를 양보

쿠에는 “우리는 다른 두 개의 자아 곧 의식과 무의식을 가지고 있다. 무의식은 우리 몸을 지배하고 모든 행동을 지배한다. 이런 무의식의 작용을 ‘상상’이라고 부르자. 의식은 ‘의지’를 갖는다. 의지는 상상에게 항상 자리를 양보하는데 이는 절대적인 법칙이다. 의지와 상상 간에 싸움이 일어나면 늘 상상이 승리한다”라고 말했다.

그에 의하면, ‘암시’란 무의식에 의해 이루어진다. 몸과 마음의 치료 역시 무의식의 몫이다. 중요한 것은 자기암시를 연습할 때 절대로 의지를 작용시켜서는 안 된다는 것이다. 필요한 것은 상상을 훈련하는 것이다. 우리의 말과 행동은 결국 자기암시의 결과이기 때문이다.

믿음과 자신감, 그리고 자기가 원하는 것을 이룰 수 있다는 확신을 갖고 자기암시를 행하는 것이 에밀 쿠에의 핵심이었다. 쿠에는 "'이건 쉬운 일이다. 나는 할 수 있다'라는 말만 하라"고 제안했다. 그의 유명한 말 "나는 날마다 모든 면에서, 점점 더 좋아지고 있다"는 자기 암시를 반복하면 놀라운 결과를 가져온다는 것이다.

시스템학습법의 학습심리학 이론에 동감하고 실천하다가 제대로 되지 않는 경우에 에밀 쿠에의 자기 암시를 활용하는 독자들도 있었다. 토스카니니는 자기 암시를 하지 않았는데도 평생 아침이면 책상에 앉아 학습을 하였다. 필자도 수십 년 동안 학습에 매진하고 있으며 오늘도 학습하고 있다. 쿠에는 의지가 아니라 상상이 우리를 움직이는 것이라고 주장하였다.

공학박사이며 컨설팅회사 엔텔렉의 최고경영자 닐 마틴은 "습관적 사고는 인간행동의 95%를 통제한다. 의식이 행동에 영향을 준다는 잘못된 전제에 집착하면 실패하며 습관적 사고를 고려하는 것이 매우 중요하다"라고 말했다. 필자가 은행에 입사할 때 어느 간부는 "여러분의 미래는 향후 6개월 동안의 언행을 보면 90%는 알 수 있다"는 말을 한 것이 기억이 난다.

삶은 습관의 연속, 누적되어 인생이 결정

삶은 습관의 연속이며 그것이 누적되어 인생의 길이 결정되는 것 같다. 닐 마틴은 "살을 빼려는 미국인 중 단 10%만이 감량에 성공하는데 비만의 주범은 습관에 의해 조종되기 때문이다. 습관은 행동의 반복을 통해 학습되며 자동적으로 행동하게 된다. 습관이 인간 행동의 핵심 요소이다"라고 말한다. 연구에 의하면, 일반인들의 15%만이 지식을 획득하기 위해 읽기를 선호한다는 것이다. 학습을 하지 않는 사람들에게 미래 희망을 바란다는 것은 거의 허무한 것으로 보인다.

창의성 계발과 혁신, 인적자원 분야의 세계적인 리더로 그 분야의 업적을 인정받아 영국 여왕으로부터 기사작위를 받은 켄 로빈슨은 "타고난 소질과 개인의 열정이 만나는 지점"이 성공을 결정짓는다고 주장한다. 문제는 인간은 자신의 재능과 열정이 무엇인지 정확하게 아는 경우가 드물다는 사실이다.

폴 매카트니는 공교육 과정 중에서 그에게 음악적 재능이 있다는 것을 누구도 눈치 채지 못했다. 엘비스 프레슬리의 학교 합창단도 그의 입단을 거부했다. 위대한 작곡가 베르디는 "음악적 소질이 부족하다"는 이유로 음악원 입학에서 탈락되었다. 켄 로빈슨은 "미래를 대비하는 유일한 방법은 우리의 잠재력을 최대로 끌어올려 스스로 적응력과 경쟁력을 높이는 것이다"고 말했다.

가장 큰 원동력은 학습

문제는 "어떻게 우리의 잠재력을 최대로 끌어올려 스스로 적응력과 경쟁력을 높일 것인가?"라는 점이다. 학습으로 정신력과 실력을 길러 나가는 과정에서 그 잠재력, 적응력, 경쟁력을 감지해낼 수 있다. 삶의 미래는 소질과 열정, 태도와 기회 등이 복합적으로 작용해 결정된다. 그러한 것들을 뒷받침하는 가장 큰 원동력은 학습으로 자신을 향상시키는 것이다.

학습을 통하여 발현되는 것이 바로 지식보다 한 차원 높은 것 실행지능이다. 실행 지능은 학습을 통하여 명확한 사고력을 기르고 그를 바탕으로 인지 능력과 결정 능력을 발전시킨다. '감성 지능'의 주창자인 다니엘 골먼은 "훌륭한 해결책을 위해서는 지식과 지능이 모두 필요하다. 실행지능도 배우고 연습하면 향상된다. 실행지능은 성공하는데 결정적이다"라고 말한 바 있다.

성공에 필요한 전념, 절제, 끈기

데이브 알레드 박사는 스포츠 선수들이 "결정적인 순간에 최고의 기량을 발휘"할 수 있도록 지도하는 일을 하고 있다. 그의 공로는 인정되어 대영제국 훈장을 받았다. 알레드에 의하면, '수행 불안'과 '주눅드는 상황'을 극복하는 것이 중요하다. 성공하는 사람들은 그 일을 잘 완수해내는 쪽으로 집중력을 모은다. 강력하고 결연하며 상향 목표를 추구해야 한다는 것이다. 알레드는 그 바탕에 학습이 매우 중요하다고 한다. 학습하는 사람은 스스로 "향상할 수 있다"는 의식을 갖게 되며 필요한 전념, 절제, 끈기를 갖추게 된다고 한다.

알레드 박사는 "인간은 본능적이고 끈질긴 호기심으로 새로운 것을 학습하고자 갈구한다"고 말한다. 그는 계속해서 의욕을 유지하는 것이 중요하며 최대한 작은 표적을 정하여 훈련하는 것이 중요하다고 생각한다. 그의 코칭에는 기본 원칙으로 '일관성, 엄청난 인내심, 단계별 학습, 실패했을 때 무시하기, 즐거움'을 추구한다. 그는 학습하고 반성하는 선수들이 월등하다는 것을 알고 있다.

'위험한 자신감'의 저자 토마스 차모로-프레무지크는 유니버시티 칼리지 런던의 경영심리학과 교수이며 성격심리학의 전문가로 저명하다. 토마스는 "진짜 능력이 향상되면 자신감은 저절로 생긴다. 근거 있는 자신감만이 진짜 자신감이다. 문제를 해결하는 방법은 자신감 충전이 아니라 능력을 키우는 것이다"라고 말한다.

필요한 것은 자신감이 아니라 능력

그에 의하면, 정말 필요한 것은 자신감이 아니라 능력이다. '성공은 자신감의 산물'이라는 생각은 틀린 것이다. 노력을 해야 한다는 깨달음은 자신감이 부족해야 얻을 수 있다. 사람들이 진정으로 관심을 갖는 것은 우리의 자신감이 아니라 능력이다. 토머스는 "성공의 유일한 길은 능력을 키우는 것이다"고 말한다. 그가 연구한 사람의 수만 해도 100만 명이 넘는다고 한다.

토머스에 의하면, 성공은 세 가지 요인 즉 능력, 노력, 겸손에 좌우된다. 최고의 리더는 강렬한 열정과 겸손한 태도를 겸비한 사람이다. 같은 독일인이면서 대조적인 두 사람이 있다. 메르켈 수상은 겸손한 물리학 박사다. 다른 한 사람은 "나는 기독교인으로서 기만과 거짓말의 희생자기 되지 않을 사명을 지닌다. 그리고 진실과 정의, 우리 민족의 투사가 되어야 할 사명을 지닌다"라고 말한 사람이다. 누구인가? 아돌프 히틀러이다. 말로 영웅 행세를 하기는 쉽지만 진정 도움이 되는 위대한 인간은 겸손한 학습자이다.

스탠퍼드대학 심리학 교수로 '성공의 심리학'의 저자 캐롤 드웩은 심리학자로 명성을 떨치고 있다. 드웩은 "많은 것들이 실제로는 '마인드세트'에서 비롯된다. 마인드세트에는 '고착된 마인드세트'와 '성장 마인드세트'의 두 가지가 있다"라고 말한다. 드웩에 의하면, 고착된 마인드세트를 가진 사람은 '계속해서 노력에 노력을 거듭하라' 또는 '로마는 하루아침에 건설되지 않았다'라는 속담들에 동의하지 않는다. 이들은 노력을 믿지 않고 재능을 믿는다는 것이다.

드웩에 의하면, 성장 마인드세트를 가진 사람은 도전과 노력을 가치 있는 것으로 평가한다. 성장 마인드를 가진 사람들은 인생의 후퇴를 미래의 성공으로 바꾸는 재능이 있다. 요컨대, 자신의 마인드세트를 바꿀 수 있다는 것이다. 성장 마인드세트를 가진 학생들은 학습을 계속했고 고착된 마인드세트의 학생들보다 더 높은 생산성을 올렸다. 고착된 마임드세트를 가진 학생들은 선천적 재능에 대한 신념을 가져 자신의 우수성을 입증할 필요성을 느낀다.

강건함은 배움으로써만 얻을 수

드웩은 "강건함은 배움으로써만 얻을 수 있다"고 말한다. 드웩에 의하면, 고착된 마인드세트에서는 노력을 필요 없는 낭비라고 생각한다는 것이다. 성장 마인드세트를 가진 사람들은 강한 근성과 용기를 지닌 이들이었고 챔피언의 정신을 가진 사람들이었다. 이들은 최선을 다하고, 배우고, 개선하는 과정에서 성공을 발견했다. 전설적인 농구 감독 존 우든은 "성공은 최고의 존재가 되기 위해 최선의 노력을 기울일 때를 말한다. 스포츠에서 정상의 위치에 계속 남기 위해서는 근성이 필요하다"라고 말했다.

드웩에 의하면, 성장 마인드세트를 가진 사람들은 무언가를 배우려고 하며 인간관계, 사랑의 요소들을 배워나간다. 고착된 마인드세트는 개인적 자질, 성격이 일정하게 고정되어 있다고 생각하여 대가를 치르려 하지 않아 성장하지 못한다. 서로 노력을 기울이지 않는 인간관계는 불운한 관계이다. 고착된 마인드세트 소유자들은 그 관계는 고쳐지지 않는 것으로 체념한다. 유명한 사회학자 벤저민 바버는 "나는 이 세상을 학습하는 사람과 학습하지 않는 사람으로 나눈다"라고 말했다. 성장 마인드세트를 가진 사람들은 끊임없이 자신을 확장해 나간다.

잠깐!

바이올린의 대가 파가니니의 연주는 7살 때에 시작되었다. 빈에서 그가 본격적으로 활동을 시작한 것은 1823년이었는데 늘 초만원이었다. 파가니니는 당대 최고의 흥생사였다. 그러나 15살 때부터 빠졌던 도박의 늪에서 평생 헤어나지 못했다. 파가니니는 엄청나게 많은 돈을 벌었지만 늘 싸구려 여인숙을 찾았고, 허름한 식사로 끼니를 때웠으며 개런티 수입과 하루 지출 등을 꼼꼼하게 가계부에 기록했다. 1814년 파가니니는 밀라노에서 안젤리나 카바티나라는 창녀와 만나 살았는데 임신까지 했다. 그녀의 아버지는 파가니니를 '미성년자 유혹 및 강간'죄로 고소했고 파가니니는 7일간 감옥신세를 지기도 했다.

파가니니는 1832년 이래 존 왓슨과 매니저 계약을 맺고 있었는데 왓슨의 어린 딸 샬럿과 은밀한 연애 관계를 유지하다가 들통이 나서 스캔들로 번졌고 결국 파가니니는 고향으로 돌아왔다. 그는 7살 때부터 아버지에게 혹독한 바이올린 수업을 받았다. 13살이 되면서 정식으로 연주회에서 성공을 시작하였고 18살이 되자 파가니니는 아버지로부터 독립했다. 파가니니는 젊은 미모의 가수 안토니아에게 이끌려 많은 재산을 썼다. 1823년 그는 그녀와 동거를 시작하였는데 그녀는 파가니니에게 아들 아킬레를 낳았다. 1828년 파가니니는 안토니아와 관계를 청산하였다. 나이가 들어 파가니니는 폐결핵, 매독, 류머티즘, 인후결핵, 신경장애 등의 병으로 고생하였다. 1840년 58세로 죽었다. 시스템학습법으로 무장한 독자라면 파가니니가 겪었던 파란만장한 삶의 상처를 비켜나 좀더 평안하고 보람있는 삶을 살 수 있을 것이다. 학습의 주된 목적이 삶의 지혜이기 때문이다.

뉴잉글랜드 컨서버토리 음악대학원 교수 벤저민 젠더는 보스턴 필하모닉 오케스트라 지휘자이며 교수로 30년간 재직하면서 겪었던 경험을 저서에 밝혔다. 젠더는 "나는 스승인 허브트 위더스 밑에서 첼로 레슨을 받으면서, '겨우 3분을 연습하고서 잘 안 된다고 불평이냐?'라는 말을 들은 적이 있다. 숙련되려면 오랜 노력과 결연한 믿음이 필요하다"라고 말한다.

군살만 제거하면 된다

젠더에 의하면, 미켈란젤로는 "모든 돌덩어리와 대리석 안에는 아름다운 석상이 깃들어 있다. 그 예술품을 드러내기 위해서 군살만 제거하면 된다"라고 말했다. 이 말은 우리에게 큰 의미를 전하고 있다. 독자가 가지고 있는 많은 행동 습관에서 "군살을 제거하는 것"이 매우 중요하다는 것을 깨달아야 한다. 필자가 "하루라도 학습을 하지 않으면 다음날 세 끼를 굶는다"는 원칙을 지키고 있는 것도 바로 군살을 제거하여 학습에 전념할 수 있게 해준다.

젠더는 지난 30년 동안 교수생활을 하면서 그는 학점을 측정의 도구가 아니라 가능성을 열어주는 수단으로 사용하였다. 학기 초에 그는 다음과 같이 선언했다. "수업에 들어오는 학생은 모두 A를 받을 것이다. 단 한 가지 조건이 있다. 앞으로 A학점을 받는 이유와 구체적으로 달성된 성과를 편지로 내게 써야 한다." 젠더에 의하면, 아시아계 학생이 A 학점을 보장받자 그들은 적극적이 되었고 인생이란 모두 만들어지는 것, 하나의 게임이라는 사실을 보여주었다. 학생들은 A학점을 받을 적극적 학생으로 바뀌어져 있다는 것을 그는 알았다.

너무 심각하게 생각하지 말고 마음을 가볍게

젠더는 "당신의 일을 너무 심각하게 생각하지 말라. 먼저 마음을 가볍게 가지면 밝게 만들 수 있다. 성취의 개념에 실패를 포함시키면 실패를 더 잘 헤쳐나감으로써 얻을 성취의 아름다움을 진정 깨닫게 된다. 실수의 가능성을 인정하면서 능력 이상 나아가고자 할 때 비로소 위험은 즐거움 모험이 된다"라고 말한다. 필자가 왜 독자를 천재로 인정하면서 이해하든 외워지든 말든 편안하게 나아가라는 말을 했는지 이해하기 바란다. '걱정하는 것'보다 '학습하는 것'이 훨씬 좋다.

젠더에 의하면, 한 수도원이 종교적 박해로 인해 종단은 축소되었고 어려운 시기를 겪고 있었다. 수도원에는 5명의 수도자만이 남게 되었다. 수도원장은 유태교 랍비를 찾아가 수도원을 살릴 조언을 구했다. 그 랍비는 "조언해줄 말이 없군요. 하지만 당신들 중 한 사람이 메시아라는 것만은 확실히 말해줄 수 있습니다"라고 말했다. 수도원장과 수도자들은 상대방이 혹은 자신이 메시아일지도 모른다는 생각에 더욱더 공경하는 수도생활을 하게 되었다. 그러자, 수도원에 들어오기를 희망하는 젊은이들이 차차 늘어나 다시 번성했다. 독자가 시스템학습법으로 학습하면 언제 '천재'로 나타날지 모른다는 것을 염두에 두어야 한다.

젠더에 의하면, 한 젊은 피아니스트가 쇼팽 전주곡을 연주한 적이 있었는데 음악의 진정한 언어인 감동을 전달하지는 못했다. 그 피아니스트는 바른 자세로 꼿꼿하게 앉아 연주했다. 젠더는 그에게 한쪽 엉덩이에 의존하여 몸을 약간 옆으로 기울이면서 음악의 흐름을 타라고 말했다. 그러자 갑자기 그의 음악이 좋아지기 시작했고 청중들도 숨을 멈추었다. 독자가 시스템학습법을 실천하는 것 그것이 젊은 피아니스트가 자세를 수정하는 것과 같은 것이다.

바로 학습의 탄탄대로를 걷게 될 독자가 명심해야 할 일이다. 시스템학습법을 곧이곧대로 실천하면 되는데 열매가 나오기도 전에 안달하면 안 된다는 점이다. 필자가 이미 언급한 물리학자 버날은 "이론이 없는 주장은 맹신이고, 실천이 없는 주장은 허망한 것이다"라고 말했다. 시스템학습법은 충분히 증명된 학습이론에 바탕을 두고 있다. 또한 필자가 수십 년 동안 실천해오면서 그 효과를 입증한 학습 노하우라는 사실이다. 어떤 것이든 참된 가치를 가지려면 근거가 있는 이론이 있어야 하고 실제로 실현이 가능함을 입증해야 한다. 독자가 삶의 탄탄대로를 걸어가기를 기대한다.

필자가 제안하는 SR경쟁력프로그램 교육

「미래를 위한 특별 제안 (비영리, 1년간 사회봉사활동) 」

현실과 미래

일본은 1989년 불황이 시작된 후 아직도 불황의 늪에서 빠져나오지 못하고 있다. 그래서 아베노믹스가 있었고 지금도 상황이 비슷하다. 일본의 캐논전자 최고경영자는 "일본 전체기업의 2/3가 적자에서 허덕이고 있다"고 저서에서 밝혔다. 이런 상황은 코로나19가 발생하여 전세계와 한국도 같은 상황이 되어 있고 미래도 불안하다!

세계적으로 우수기업으로 손꼽히던 폴라로이드, 코닥, 노키아 등이 몰락한 것도 정신력 부족과 실력 부족이 주 원인이다. 정신력 부족은 "썩은 과일", 실력 부족은 "쓸모없는 과일"로 몰락 지름길임이 증명되었다.

기업들이 지금의 어려운 원인을 불경기, 정부정책, 대기업, 경쟁사 때문이라고 생각하면 타개책이 없다. 외부 환경 탓이 아니라 임직원들의 정신력 부족, 실력 부족 때문임을 인정해야 타개책이 나온다. 정신력과 실력 부족 치유책, 타성과 무기력 벗어날 치유책은 학습이다!

유태인의 저력

수많은 역경에도 살아남은 유태인의 저력은 무엇인가? 독특한 마인드, 끊임없이 생각할 줄 아는 두뇌의 힘이 그들의 저력이다. 유태인은 남들이 생각하지 못하는 생각을 한다. 그들은 남들과 다른 장점, 차별화를 추구한다. 유태인은 고객에 대한 서비스가 첫째이고 이윤 추구는 둘째라고 생각한다. 그들은 먼저 '좋은 마음의 자세'를 갖는 것을 중시한다. 유태인들의 근검절약하는 자세는 실용주의적 개념으로 이어진다.

유태인은 배우는 용기를 높이 평가하고 강인한 정신력과 불굴의 의지가 있다. 중세시대에 네덜란드는 유태인들이 들어와 무역과 재정 분야에서 정신력과 실력을 발휘한 결과 무역강국이 되었다. 영국은 유태인들을 영입하였고 그들의 정신력과 실력에 힘입어 유럽 제일의 무역국이 되었다. 학습에 열중하는 사람들은 정신력과 실력이 끊임없이 향상되기에 사회가 필요로 한다. 유태인은 끊임없는 학습으로 수학, 생물학, 화학 등 많은 학문 분야를 개척했다. 그들은 세계 최초로 인디고를 합성하여 프탈레인 염료를 발견하였고 암모니아의 합성에 성공했다. 유태인들의 학습 'study'는 능동적으로 스스로 하는 것이다. 시스템학습법은 'learn'이 아니고 'study' 즉 능동적으로 학습하는 것이다.

정신력이 뛰어난 유태인 상인이 해서는 안 되는 세 가지를 말한다. 첫째, 과대선전을 하지 않는다. 둘째, 값을 올리기 위해 저장해두지 말 것, 셋째, 계량을 속이지 말 것 등이다. 유태인들의 저력은 학습에서 비롯되는 것이다.

현실과 미래 타개책

견실한 정신력, 탁월한 실력의 특출 전문가만이 난국을 극복하는 요체이다! 학습하면 무지, 무능을 깨달아, 위기감과 실천력 있는 특출한 전문가로 변화한다! 정신력, 실력, 창의력, 아이디어는 학습에서 온다! 학습이 없다면? 실천력 없어, 어떤 교육도 헛일이 된다는 사실이다!!

일본 불황에도 특출한 경쟁력으로 이익 넘치는 (주)메이난제작소 하세가와 회장이 필자와 1시간 면담을 연장하여 7시간 경청한 이유가 있다. 일본 경영구루 마쓰시타의 경영연구소 아끼야마 상무가 SR경쟁력프로그램 강의를 간청한 이유가 있다. 그들이 바라는 학습 노하우를 필자가 소유하고 있기 때문이다.

한국 우장춘박사 사위 이나모리의 성공 요체는 열정적 학습이다. 그는 교세라를 크게 성공시키고, 파산 일본항공을 회생시켰고, 약소통신회사 DDI로 거대NTT를 돌파해 성공했다. 그 원동력은 전직원의 정신력과 실력을 끊임없이 향상시킨 것에서 나왔다.

이나모리는 "자신을 돌이켜보며 매일 배움을 계속하지 않는다면 문제가 있게 된다. 정신을 함양하고 순화할 수 있는 독서를 해야 한다. 나는 일과 후 아무리 늦은 밤이라도 항상 집에서 책을 읽는다"라고 말한다. 이나모리에게는 정신력이 중요한 것이고, 능력도 중요했다.

이나모리는 "우리는 위기의식과 긴박감을 유지하고 있어야 한다. 창의력과 향상심이 필요하다"라고 말한다. 그는 "끊임없는 창의적인 연구가 훌륭한 성과를 낳는다"고 생각한다. 그에게 중요한 것은 지식을 어떻게 살려나갈 것인가 즉 창의성이다. 그 바탕에는 학습이 있었다.

실용적인 지혜

테슬라는 에디슨의 일하는 방식에 대해 "약간의 이론과 계산을 할 수 있다면 에디슨 노력의 90%는 절약할 수 있었을 것이다"라고 말했다. 이론과 계산 능력은 학습하지 않고서는 얻을 수 없다.

스탠퍼드대학교 의과대학 티나 실리그 교수는 "창의성은 끝없는 재생자원이다. 창의성은 지식, 상상력, 태도에 의해 영향을 받는다. 지식은 상상력의 연료다. 독창적인 태양열 자동차를 설계하고 싶거나 암 치료법을 찾고 싶다면 공학이나 생물학의 지식 기반에서 시작해야 한다"라고 말한다. 열정만으로는 부족하고 관련 전문지식이 필요하다는 것이다. 학습만이 전문지식을 얻게 해준다.

SR경쟁력프로그램 효과

이 프로그램은 JCI 세계대회 105개국 최우수 프로그램으로 선정된 바 있다. 이 교육 결과는 임직원이 월 4권(전문 3권, 교양 1권) 10회 깊게 학습한다. 시스템학습법은 세계유일 월 15권 10회 학습하는 노하우이다! 시스템학습법은 속독 아닌 빠른 이해 노하우라는 사실이다. 월 15권 10회 학습하는 독보적인 가치가 시스템학습법의 독특함이다! 이 교육은 강한 정신력과 실천력을 실현하고, 10년을 6개월로 단축하는 외국어 노하우를 전수한다. 이는 유태인을 능가하는 학습능력을 얻게 해준다!

이 프로그램(특허청등록)은 유태인 생존능력인 학습능력 지름길이며 불안한 현시대 임직원들의 열망이다! 1년 교육으로, 재래식 10년 학습자보다 뛰어난 경쟁력을 취득하며 기업에서 현직과 미래를 보장하는 효과를 가져 온다! 위대한 과학자 라이프니츠 학습 원리와 일본 시치다 박사 우뇌학습 원리로 입증된 시스템학습법으로 스트레스 없이 편하고 쉽게, 탁월한 학습능력을 터득하여 생존 경쟁력을 향상시키는 것이다!

교육테마

(월 1회 1시간, 12개월간 원장 직접 강의와 실천 지도)
1 정신개혁 2 업무혁신 3 시스템학습법 4 외국어학습법 5 융화력향상

교육대상

대표 및 임직원(1인 가능), 전화 010-3763-2830.

교육비

30년간의 값비싼 노하우를 비영리 사회봉사로 간단 제안을 함.

필요한 것은 정신력과 능력

에드워드 고든은 시카고의 기업 컨설팅주식회사 사장으로 30년 이상 다양한 컨설팅 활동을 해왔다. 고든은 "직업기술을 향상시키려는 개인적인 동기가 없으면 여전히 실업자로 남을 것이다. 미국 성인의 60%은 책을 전혀 읽지 않는다"라고 말한다. 고든은 "성공하는 사람들은 평생 동안 배우기를 게을리 하지 않는 사람들이다"고 말한다. 일부 회사들이 성공한 요인은 직원들이 끊임없이 학습해 새로운 기술을 배우고 실험하게 한 덕분이라는 것이다.

유니버시티 칼리지 런던의 경영심리학과 교수 토마스 차모로는 "진짜 능력이 향상되면 자신감은 저절로 생긴다. 근거 있는 자신감만이 진짜 자신감이다. 문제를 해결하는 방법은 자신감 충전이 아니라 능력을 키우는 것이다"라고 말한다. 토머스는 "성공의 유일한 길은 능력을 키우는 것이다"고 말한다. SR경쟁력프로그램은 정신력과 능력을 키워준다는 사실이다. 끝.

연구원장 **임 성 룡**

- 경영학 전공, 외환은행 간부 명퇴.
- 시스템학습법, SR외국어학습법 창시자.
- 기업체 및 한국금융연수원 출강.
- 삼성경제연구소 학습포럼, 대학교수대상 등 특강.
- 교육 대상 : 대표 및 임직원(1인 가능) 010-3763-2830
- 교육비 : 비영리 사회봉사활동이며 간단 제안을 함.
- 시스템학습법 원리 결과 (본인)
  - 서울대 어학연구소 외국어평가 영어, 일본어, 불어 합격
  - 한국외대 통역대학원 프랑스어 연수(특별코스) 최우등수료
  - 일본에서 업무연수. 일본 경영연구소와 협력 중.
  - 손해보험중개인 국가고시(금감원) 1200여명 중 수석, 신용분석사, 생명보험중개인 3등, 세무사1차, 공인감정사, 주택관리사, 공인중개사, 공인노무사1차, 투자상담사, 금융자산관리사(FP) 등 합격
  - 이 외 성공사례 등이 있음.
- 저서 목록
  - 왕도와 천재, 시스템학습법의 위력, 2020년
  - 평범한 직장인이 외국인도 놀란 영어천재가 되다, 2001년
  - e시대에 경쟁력 따라잡기, 2002년
  - 학습의 맥을 찾아주는 시스템학습법, 2003년
  - 마케팅의 위력과 함정, 2004년
  - SR방식 생존력, 2005년
  - 끊임없는 동기유발과 경쟁력의 원천, 2006년
  - 외국인이 다시 놀란 영어천재가 되다, 2007년
  - 시스템학습법의 완성, 2008년
  - 유능한 경영자와 함정, 2009년
  - 독특한 마케팅 기술, 2010년
  - 탁월한 마케팅의 원리, 2011년
  - 결정적 경쟁력과 치명적 결함, 2013년 끝.